中国科技之魂

中宣部主题出版重点出版物

德厚流光 郭永怀

中国编辑学会◎组编
李成智 闫祥岭◎著

山东科学技术出版社
济南

图书在版编目（CIP）数据

德厚流光 ： 郭永怀 / 中国编辑学会组编 ； 李成智，闫祥岭著. -- 济南 ： 山东科学技术出版社，2024. 12.--(中国科技之魂). -- ISBN 978-7-5723-2453-6

Ⅰ. K826.11

中国国家版本馆 CIP 数据核字第 2024GP2456 号

内 容 提 要

郭永怀是我国著名力学家、应用数学家，近代力学事业奠基人之一，也是“两弹一星”功勋奖章获得者。本书依据翔实史料，按其人生轨迹，从海外求学、科学突破、归国历程、报国实践等方面展现郭永怀从钻研学术到投身“两弹一星”事业的历程。动荡岁月里，他负笈海外，在航空工程与空气动力学领域攻坚克难，实现重大突破。新中国成立后，他毅然回到祖国，投身科研建设工作。他参与组建中国科学院力学研究所，为科研机构的创立贡献力量；参与制定科技规划，为国家科技发展指明方向；还积极培育力学人才，为我国力学领域储备新生力量。在“两弹一星”事业中，郭永怀更是发挥了关键作用，做出了卓越贡献。本书全方位呈现了郭永怀的理想信念、高尚情操与爱国初心，希望读者能从中汲取奋进的力量，传承他的伟大精神。

“中国科技之魂”丛书 ZHONGGUO KEJI ZHI HUN CONGSHU

德厚流光：郭永怀 DEHOU LIUGUANG GUO YONGHUAI

◆ 组　　编　中国编辑学会
著　　　李成智　闫祥岭
责任编辑　杨　磊　吴英华　姜　伟

◆ 山东科学技术出版社出版发行　济南市市中区舜耕路517号
邮编　250003　电子邮件　sdkj@sdcbcm.com
网址　http://www.lkj.com.cn
北京盛通印刷股份有限公司

◆ 开本：720×960　1/16
印张：15.25　2024 年 12 月第 1 版
字数：200 千字　2024 年 12 月北京第 1 次印刷

定价：89.00元

“中国科技之魂”丛书出版工作委员会

主　　任：

杜　贤　张立科

副 主 任：

王　威　李　际　成丽丽　刘俊来

成　　员：

赵　一　张浩然　林舒媛　郭　家　王丽丽　顾慧毅

丛书序言一

弘扬科技之魂　共筑强国之梦

站在新的历史起点，回望过去，在中国共产党的坚强领导下，一代代科技工作者以国家民族的前途命运为己任，投身科学救国、科研报国、科教兴国、科技强国的伟大事业。他们为国家富强前赴后继、接续奋斗，取得了无数举世瞩目的成就，实现了中国科技实力一次次的历史性跨越。这一过程中，孕育形成了内涵丰富、历久弥新的科学家精神，成为中国共产党人精神谱系的重要组成部分，长久涵养后人。

习近平总书记指出："科学成就离不开精神支撑。科学家精神是科技工作者在长期科学实践中积累的宝贵精神财富。"科学家的观点和思考可能只适用于某个特定的时期，但他们所代表的科学家精神却能超越个体的差异、超越时间的限制，成为一种普遍的文化遗产和精神财富，不断被传承和发扬。近代以来，那些我们所怀念的来自不同领域的伟大的中国科学家，都在自己所处的那个年代提出和倡导过某个促进科技进步、社会发展的思想、理念、观点，虽内容各异，但核心理念一脉相承——实现民族复兴的坚定信念，正如历史的洪流，滚滚向前。

当前，世界之变、时代之变、历史之变正加速演进，全球科技创新进入前所未有的活跃期。面对新一轮科技革命和产业变革，我们比以往任何时刻都更深切地感受到"科技兴则民族兴，科技强则国家强"的要义，实现中华民族伟大复兴之大局呼唤科学家精神，应对世界百年未有之大变局需要科学家精神。

在深入学习党的二十大报告提出的“培育创新文化，弘扬科学家精神，涵养优良学风，营造创新氛围”的号召后，中国编辑学会深感弘扬新时代科学家精神的责任重大、使命光荣。2023 年 1 月，中国编辑学会组织人民邮电出版社、人民卫生出版社、科学出版社等多家科技出版强社，共同策划了一套以中国科学家精神为主题的理想信念科普读物及精品传记力作——“中国科技之魂”丛书，旨在与当前中国科技发展的现状和挑战相结合，更好地反映科学家的精神信仰和社会价值，尤其突出科学家在时代洪流中的具体实践，形成当前新时代背景下可传承、发扬、鼓舞人心的精神力量。

“中国科技之魂”丛书共 19 分册，以习近平新时代中国特色社会主义思想和党的二十大精神为指导，以对“中国科学家精神”“中国共产党人精神谱系”等“新时代、新精神、新思想”的“新解读”为定位，选取 19 位政治立场正确、党和人民高度认可、在各自领域做出杰出贡献的泰斗级中国科学家，描绘他们热爱党和人民、热爱科技事业、热爱生活的鲜活形象，详述他们可贵的精神品质、突出的科技贡献、创新的思维方式、丰富的生平故事、独特的人格魅力，大力弘扬以“爱国、创新、求实、奉献、协同、育人”为内涵的中国科学家精神，展现以伟大建党精神为源头的中国共产党人精神谱系，尤其突出新时代新思想背景下，传承中国科技之魂对赓续创新奋斗的精神血脉、凝聚民族复兴的磅礴力量的战略意义，启迪中国科技工作者自觉践行、大力弘扬精神之魂，投身科技创新，建设科技强国，让大众深刻理解科学家精神的时代价值和历史意义，激发全社会的科学兴趣和创新热情。

中国编辑学会高度重视“中国科技之魂”丛书的出版工作，集多家科技出版强社的合力精心打造，成立了审读顾问委员会，对丛书架构、目录、样章等多次进行详细指导、审校；成立了编委会，统筹安排出版工作，把握整体进度；成立了出版工作委员会，开展丛书出版过程中的组织与协调工作；

充分调动了相关部委和单位的力量，组织了强大的写作团队，各分册均由科学家、科学史资深研究者、党史党建专家、宣传思想工作专家等组成写作班子；力推融合出版，融文、图、音频、视频、动画等于一体，最大限度地提升读者的阅读体验，确保“中国科技之魂”丛书在内容上权威、专业、生动，在形式上创新、多元、互动。

“中国科技之魂”丛书是对中国科学家精神的汇聚，向世界展示了中国科学家的卓越智慧与崇高追求，如繁星璀璨，照亮人类文明的灿烂星河，指引后人不断奋进。出版“中国科技之魂”丛书是对时代的献礼，对历史的致敬，更是对未来的期许，让科学家精神在新时代绽放出新的光芒，这是科技出版人对时代、对历史、对未来的深切责任与庄严承诺。我们坚信，“中国科技之魂”丛书将成为传承科学家精神、弘扬科学文化、激发创新活力的重要载体。让我们携手前行，为实现中华民族伟大复兴的中国梦贡献科技出版人的智慧和力量，在新时代的征程上，共同书写中国科技事业的辉煌篇章，铸就人类文明的新辉煌！

中国编辑学会会长

“中国科技之魂”丛书编委会主任

2024 年 12 月

丛书序言二

传科技之魂　燃复兴之光

科技兴则民族兴，科技强则国家强。党的十八大以来，以习近平同志为核心的党中央深入推动实施创新驱动发展战略和人才强国战略，提出加快建设创新型国家的战略任务，确立2035年建成科技强国的奋斗目标。党的二十届三中全会提出，教育、科技、人才是中国式现代化的基础性、战略性支撑。要优化重大科技创新组织机制，加强国家战略科技力量建设，统筹强化关键核心技术攻关。在中国共产党的正确领导下，一代代科技工作者以国家民族的前途命运为己任，投身科学救国、科研报国、科教兴国、科技强国的伟大事业。他们宛如璀璨星辰，照亮了强国建设和中华民族伟大复兴之路。习近平总书记号召我们要传承老一辈科学家以身许国、心系人民的光荣传统，把论文写在祖国的大地上。

正是在这种背景下，中国编辑学会组织多家出版单位编写了“中国科技之魂”丛书，精心选取19位在工业、农业、卫生、国防、基础学科等领域做出杰出贡献的泰斗级科学家。这些科学家政治立场坚定，深受党和人民敬重，在各自领域的贡献卓著。丛书描绘了他们热爱党和人民、热爱科技事业、热爱生活的鲜活形象，详述了他们丰富的生平故事、可贵的精神品质、独特的人格魅力、创新的思维方式、突出的科技贡献。他们的一生，是对科学真理不懈追求的一生，是对国家和人民无限忠诚的一生；他们的事迹，不仅是个人的荣耀，更是时代的缩影。他们的精神启迪着广大科技工作者自觉践行和大力弘扬求疑问真、严谨求实的科学家之魂，展示了中国特色社会主义道路的科技自信和文化自信，体现了“科技为民”的初心和使命，同时也让大众深刻理解科学家精神的历史意义和时代价值。他们不仅激励着我们这一代科技工作者，更影响着未来无数的科研人员，以实现为党和国家“立心”，为科技强国“立力”，为民族复兴“立基”，为人民健康“立命”，为青少年“立志”。

科技是人类进步的阶梯，是打开未来大门的钥匙。在当前这个科技迅猛发展的时代，我们比以往任何时候都更加需要科学家精神的指引。一代人有一代人的奋斗，一个时代有一个时代的担当。“中国科技之魂”丛书的出版是对历史的致敬，对时代的献礼，更是对未来的期许，让科学家精神在新时代绽放出新的光芒。它提醒我们，无论科技如何进步，科学家的责任感和使命感永远不能减退。我们坚信，“中国科技之魂”丛书将成为传承科学家精神、弘扬科学文化、激发创新活力的重要载体，为实现中华民族伟大复兴的中国梦贡献智慧和力量。

希望广大读者能从这套丛书中感受到科学家们的伟大精神，汲取奋进力量，积极投身科技创新与民族复兴的伟大事业。今有感书将付梓，谨呈敬意，是为序。

張伯礼

中国工程院院士、国医大师

中国中医科学院名誉院长

天津中医药大学名誉校长

“中国科技之魂”丛书编委会主任

2024 年冬于天津静海团泊湖畔

前　言

在中华民族波澜壮阔的历史长卷中，总有一些杰出人物如耀眼星辰，即便历经岁月淘洗，光芒依旧璀璨夺目，为后辈学人指引前行方向，为千秋万代擦亮精神明灯。郭永怀，便是其中熠熠生辉的典范。《德厚流光：郭永怀》这本书，恰似一扇通往其非凡人生的大门，引领我们走进那段热血澎湃、震撼人心的往昔岁月，缅怀郭永怀小我、大我、忘我，直至永留星空的一生，感悟郭永怀的崇高精神，供一代又一代后来者汲取奋进的力量。

郭永怀于1909年出生在山东荣成。彼时的中国，正深陷社会动荡的泥沼，内忧外患交织。五四运动的呐喊、抗日战争的烽火，成为他成长路上的深刻背景音，在时代洪流的激荡下，他的爱国意识如茁壮幼苗，随着年龄增长在他心间深深扎根。怀揣着科学报国的远大志向，郭永怀凭借优异成绩考取中英庚款留学生，开启海外求学之旅，也即将书写下一位伟大科学家的非凡学术之旅。他踏入多伦多大学应用数学系潜心深造，后在康奈尔大学工作，与钱学森一同师从世界著名空气动力学大师冯·卡门，投身可压缩流体力学研究前沿。其间，他直面跨声速气体动力学的重重难题，凭借过人智慧与坚韧毅力，探索出全新方法，声名鹊起，享誉海内外学术圈。

鲜花、掌声、异国的功成名就、优渥的生活，郭永怀心系祖国、报效祖国的决心始终如一。新中国成立初期，百废待兴，工业基础薄弱，国防安全亟待巩固。望着满目疮痍却充满新生希望的祖国大地，郭永怀毅然决然斩断一切羁绊，放弃优渥生活，冲破重重阻碍，踏上归国征途。这份决然的背后，是他对祖国母亲深沉炽热、矢志不渝的眷恋，恰似“苟利国家生死以，岂因祸福避趋之”的真实写照。他曾坚定地说：“家贫国穷，只能说明当儿子的无能！我自认为，作为一个中国人，有责任回到祖国，和人民一道，共同建设我们美丽的山河。”质朴的言语满含赤子深情，其深沉的爱国精神、果决的切实行动，都镌刻着“爱国”两个大字，也成为其后续所有奋斗征程的思想基石。

归国后的郭永怀，投身祖国科研建设大潮。经钱学森推荐，出任中国科学院力学研究所副所长，与钱学森等一起创建了中国科学院力学研究所，肩负起推动国内力学研究前行的重任。后来，他积极参与制定《1956—1967 年科学技术发展远景规划纲要》。1957 年，他又被聘为中国科学院学部委员（院士）。能力越大，责任越大，荣誉加身，则责任愈重。当时，国内力学学科近乎荒芜，似一片亟待开垦的贫瘠之地。郭永怀勇当拓荒先锋，用具备丰富学术思想的战略科学家眼光，构建力学发展的四梁八柱。他牵头组建专业研究机构，擘画学科发展蓝图，引入国际前沿理念与先进方法，为中国力学事业植入高速发展的“基因”，搭建起与世界对话的坚实桥梁。

在人才培育领域，郭永怀倾尽心血，堪称学界“燃灯人”。他与一众同仁筹建中国科学技术大学力学和力学工程系。课堂之上，他以扎实的学识、严谨的教风倾囊相授，注重启发，深入浅出地讲解晦涩难懂的理论；科研实践里，他手把手指导学生拆解难题、操作实验，重视动手能力，着力提升学生解决实际问题的水平。经他悉心雕琢的莘莘学子，仿若一颗颗饱含养分的种子，逐渐成长为力学界的中流砥柱，在祖国科研的战线上发光发热，让中国力学事业的人才梯队愈发枝繁叶茂。

尤为值得一提的是，郭永怀积极倡导并引领力学踏上与核武器试验紧密结合的道路。他是我国原子弹、氢弹的研制过程中杰出的领导者和组织者之一，也为人造卫星的成功研制做出了重要贡献。核弹研发工程，荆棘载途、险象环生，荒无人烟的戈壁滩成为他的“战场”。简陋的科研设施、严格的保密要求、沉重的精神压力，都未能阻挡他分毫。他亲率团队日夜鏖战，核算数据专注严谨，改良方案精益求精，历经无数次试验、纠错、再出发。那震撼苍穹的蘑菇云腾空而起的背后，藏着郭永怀无数个殚精竭虑、席不暇暖的日夜，凝聚着他的超凡智慧、辛勤汗水乃至宝贵生命。

1968 年 12 月，一场意外突如其来，郭永怀不幸罹难。消息传来，令无数人叹惋，感慨天妒英才。

郭永怀不仅自身为祖国科技、教育事业鞠躬尽瘁，他的人生伴侣李佩先生同样功不可没。二人伉俪情深，在爱国、奉献的道路上相互扶持。李佩先生身为外语教学专家，在中国科学院和中国科学技术大学投身教育一线，培育大批精通外语、具有国际视野的人才，满足了国家对外交流的迫切需求。她创办的“中关村大讲堂”产生了广泛而重要的影响。在生活中，她操持家务，为郭永怀免去后顾之忧。郭永怀离世后，李佩先生强忍悲痛，继承爱人遗志，将其精神融入教学，让宝贵的精神财富广为流传。

还有诸多事实和细节能够显示出郭永怀的高尚德行。郭永怀、李佩多次把家庭积蓄捐献给国家；郭永怀敢于坚持真理，积极关心和保护那些受到不公正待遇的人；郭永怀精心指导学生撰写论文，却不贪功，从不署名；等等。

本书依据翔实史料，以海外求学、科学突破、归国历程、报国实践等为切入点，精准捕捉郭永怀一生的关键节点，立体、全面、丰富地展现这位科学家的人生轨迹，尤其凸显了他怀揣的理想信念、秉持的高尚情操与坚守的爱国初心。字里行间流淌着郭永怀谦逊温润的品性、严谨务实的治学态度、矢志报国的豪迈情怀以及壮烈无私的牺牲精神。

翻开此书，青年人能从中获取成长奋进的磅礴动力，明晰在逐梦途中需坚守初心、勇克难关；科研工作者可收获珍贵的职业启迪，在个人与祖国同进步、科研与国家命运唇齿相依上深悟、共鸣；广大民众亦会被郭永怀的深沉家国大爱感染，于平凡生活中心怀家国、在点滴美好里昂扬向上。

郭永怀虽已离去，但精神火种永不熄灭，价值光芒永绽芳华。期望每位翻开此书的读者，心怀敬畏地走进其精神世界，合上书本时，胸膛满是力量、使命、传承，让郭永怀的德行之光，如涓涓细流润泽心田，似熊熊火种点燃奋斗燎原之火，在新时代代代传承、发扬光大，激励中华儿女奔赴民族复兴征程。

我们深怀敬意，以书为舟，启航，驶向郭永怀璀璨精神的星河，探寻永不落幕的英雄传奇与深沉厚重的家国大义。

著者

2024 年 10 月 16 日

郭永怀
1909—1968

不论什么事，只要祖国需要，我便全心全意地去做好。

目　录

序幕

赤子之心　永世璀璨

赤子之心如永恒星辰，照亮历史与未来，闪耀着永世璀璨的光芒。

郭永怀是著名的力学家、应用数学家，是我国近代力学事业的奠基人之一，被授予“两弹一星”功勋奖章。

1909 年，郭永怀出生在山东省荣成市滕家镇西滩郭家村的一个普通农家，成长在国际风云际会、国内社会动荡的年代。从石岛明德小学开始，历经私立青岛大学附属中学、南开大学预科班、南开大学、北京大学、国立西南联合大学。1937 年，全面抗日战争爆发，郭永怀被迫回到家乡，在威海卫公立第一中学执教。然而，次年 3 月，日寇侵占威海，他不得不辗转前往昆明，在西南联合大学开始半工半读的生活。在成长过程中，五四运动的精神洗礼与抗日战争的烽火淬炼，让郭永怀的爱国意识愈发强烈，“科学救国”的种子也在他心中生根发芽。1939 年，郭永怀考取中英庚款留学生，历经波折，于 1940 年赴海外留学。

抗日的烽火，点燃了郭永怀爱国理想信念的火焰。

1940 年 9 月，郭永怀来到多伦多大学求学，短期内取得的成绩让该校教授赞叹不已。为了追求更高的学术造诣，1941 年 5 月，郭永怀转至美国加州理工学院，师从航空大师冯・卡门。经过 4 年多严谨勤奋的研究，他于 1945 年完成论文并获得博士学位。郭永怀在跨声速领域的学术成就获得了世界公认，从一个勤奋攻读的穷学生华丽转身，成为蜚声世界的学术权威。之后的 10 年，郭永怀任教于康奈尔大学。海外求学、工作期间，他心里始终牵挂着大洋彼岸的祖国，新中国成立的消息更是让他心中的火焰再度熊熊燃烧。为了表明归国决心，郭永怀在一次聚会上，当众把自己积攒多年的论文手稿投入炭火中，多年心血付之一炬。“我到美国来，是为了将来回去报效祖国”。手稿上跳动的火苗，正是他漂泊10多年，决意回到祖国干一番事业、与祖国共成长的赤子心绪。

郭永怀回国后不久，就与钱学森共同承担起刚成立不久的中国科学院力学研究所的学术领导工作。他与同事们一道，开拓了多个有重要意义的新兴领域，成为横跨核弹、导弹、人造卫星三个领域的学术权威。他一生治学严谨、勤奋不辍，践行“言教、身教，以身教为主”的育人理念，大力培养新一代科研人才，对青年一代寄予深情、寄予厚望。

1968年12月5日，郭永怀在从核试验基地返回北京的途中，飞机着陆时不幸失事。在危难时刻，他将装有重要资料的公文包贴在胸口，与警卫员紧紧抱在一起。救援人员在他们烧焦的遗体间发现了保存完好的公文包。同年12月25日，郭永怀被授予“烈士”称号。1999年9月18日，郭永怀被追授“两弹一星”功勋奖章，是唯一以烈士身份被追授“两弹一星”功勋奖章的科学家。2018年，国际小行星中心将两颗小行星分别命名为“郭永怀星”和“李佩星”。

烈士牺牲的火焰，化为星空中永远璀璨的繁星。郭永怀时刻期待祖国“早日建成繁荣富强的社会主义国家”，他用以身许国的崇高精神，升起了一面奉献的大旗，树起了一座爱国的丰碑，永远昭示后人。

第一篇

十年学艺　矢志报国

我自认为，作为一个中国人，有责任回到祖国，

和人民一道，共同建设我们美丽的山河。

故园情，是幼年时代亲人给予的温暖，是懵懂时期环境带来的依赖，也是求学期间耳濡目染刻入心底的存在。它是天赋最初始的港湾，是勤奋最无私的支撑，也是开拓路上最坚硬的底气。这份纯真的情感，从郭永怀烽火漫漫的求学路，到他突破“声障”世界级难题成为世界知名学者，再到当众焚书稿明志向展示报效祖国的坚强决心，都是他心底里最亮眼的暖色，也是他矢志报国最质朴的情感奠基。

第一章　烽火漫漫求学路

今天，西滩郭家村依然是个安安静静的村落。这里，是著名科学家郭永怀的家乡，在这里，他度过了农家幼子的故园时光。也正是从这里，郭永怀为了科学报国的梦想出发，北上南下一路烽烟，以身赴险曲折留洋，走过了烽火漫漫的求学之路。

故园时光：农家幼子有天赋

明隆庆年间（1567—1572），郭氏始祖光远从文登遮阴山后郭家村迁徙至此，沿河滩定居，以姓氏冠以方位命名为西滩郭家村。

晚清时期，石岛商业发达，商埠众多，郭永怀的祖父在石岛开设了永达酒坊，生意兴隆，家境殷实。1909 年 4 月 4 日，郭永怀出生在这个四世同堂的大户人家。他在五兄妹中年龄最小，深受家人疼爱。在山东荣成滕家镇西滩郭家村的荷花湾畔，郭永怀度过了快乐的童年时光。

郭永怀出生时，爷爷还在世。按照荣成当地农村的风俗传统，只要老人在世，儿子们就不分家单过，而是共同生活在一个大家庭里。郭永怀的父辈有兄弟四人，整个大家庭有三四十口人，四世同堂，其乐融融。郭永怀的父亲郭文吉在家中排行第二。郭文吉在年近 50 岁时，喜得四子郭永怀。郭永怀的三个哥哥分别名为郭永明、郭永秀和郭永泉，还有一个姐姐名为郭永专。

大家庭里的年幼孩童，总能得到众多家人更多的关爱。郭永怀生来就是整个家族的小明星，获得的关注度远远超过同辈的其他人。郭家的亲友后辈们提起当年的郭永怀，也往往带有更多的偏爱色彩。

郭永怀的外侄孙刘英广回忆说，小时候，其奶奶郭永专经常讲，舅姥爷自幼天资聪慧，常常有意想不到的奇思妙想。小时候，农村的孩子常常一起折纸飞机互扔比远。每次比赛，舅姥爷的纸飞机不仅飞行平稳，而且总是飞得最远，落地的时候，也是稳稳当当的。舅姥爷折的纸飞机：机头轻、较尖，这样就减少了飞行阻力；机翼对称，而且较大，这样飞机与空气中的浮力就成正比，留空时间较长。

郭永怀自小勤于琢磨问题。春节时，孩子们都爱放鞭炮。郭永怀对“二踢脚”为什么响两声感到好奇，于是他用小刀把它剖开，发现“二踢脚”分上下两层，下面的药包爆炸后，把上面的药包崩到空中，再爆炸，所以响两声。郭永怀心想，要是再多放几层，效果岂不更好？因此家人们认为，他总是比别的孩子更善于观察并发现问题。

郭永怀儿时长得又白又胖，家人们将他昵称为“胖怀子”。年少好动的他，喜欢在山坡上、田野里独自玩耍，加之好奇心很重，他对花鸟草虫都很感兴趣。家人还回忆，郭永怀在七八岁时就能帮着家里干点零活，如放牛、拾柴、垫猪圈等。

亲友对小时候的郭永怀，或记忆，或回忆，或转述，细节每每不尽相同。想来也能说得通：年代久远，记忆总会模糊。然而后天的成就容易让人认为具有天才属性的人，哪怕在幼年时期，也会或多或少展现出不同于常人的品质和潜力。无论这些片段信息有多少能够完全吻合当时的情境，它们都饱含着亲友及后人的思念和敬仰。

然而，特殊年代的意外事件带来的深刻记忆非同一般。10岁时，郭永怀与堂兄郭永震被土匪绑架，在海上漂泊了几个月才被赎回。不久，祖父去世。家中接连遭遇变故，日渐败落，随后分家，各立门户。

关于被土匪绑架的事，后辈们的说法不少都传奇化了，增添了不少神秘色彩。10 岁的孩子，能够记得很多事情，郭永怀本人对这件事情也有回忆。他在自传中说："大约在 1919 年，即 10 岁左右的时候才开始读书，比较起来也是较晚的。当年，祖父去世，同时又遭土匪抢劫，我和叔父、父亲、母亲等人一起被土匪绑架，被放在一个小船上，在海里漂流了四五个月，叔叔花了很多钱才把我们赎回来，因而辍学一年……"[1]

这时候的郭永怀，已经开始了求学生涯。1919 年，郭永怀进入三叔郭文盛开办的私塾，和很多本家子弟在一起上学读书。他熟读《三字经》《百家姓》和珠算，开始接受启蒙教育。

郭永怀的学习情况也给大伙儿留下了深刻的印象。家里人回忆，郭永怀开始时对读书的兴趣不大，也不太用功。别的孩子下了课都先把作业写完，然后再跑出去玩。他则宁愿帮家里干点活，然后才匆匆完成作业。所以他每次考试都勉强落个中游。[2] 虽然未能把全部精力投入学习，但他从不惹是生非，因此家人们对他喜爱有加。当时农村的社会风气，让孩子上学就是认识几个字，为将来谋生打点基础，如果能学得算术或珠算技能，长大后能记账或者找个脱离农业生产的职业，也就算挺好。所以对学习成绩的高低好坏，他们反倒不太介意。因此家人没有刻意督促郭永怀的学习。正是在这种宽松的环境下，郭永怀跟着叔叔读完了初小。

1　郭普远．郭永怀李佩夫妇感动中国的人生［Z］.（非正式出版物），2017：14.

2　郭永振（郭永怀堂兄）访谈记录，1987 年 11 月。

郭永怀在读三年级的时候，学的是《三字经》《百家姓》《小九九》和珠算。也有不同的说法，认为郭永怀小学时成绩很好，他不费力就可把课文背得很熟，珠算法则和《小九九》他也倒背如流。他从不淘气，深得三叔的喜欢。堂哥郭永明也喜欢这个小弟，逢阴雨天或冰雪天，常背着他去上学。[1]

亲友们回忆，郭永怀对许多问题都十分好奇，总想探个明白、弄个究竟。有一天，他问堂哥郭永明："哥哥，为什么叫'百家姓'呢？咱们村全姓郭啊，怎么会有一百个姓呢？"郭永明说："我哪知道，你去问三叔吧！"郭永怀就真的去问三叔了。一天，他又好奇地问三叔："老师，'百家姓'为什么是赵、钱、孙、李？我看应该是孔、孟、周、姜（孔子、孟子、周公、姜太公）。"三叔听了，心里一咯噔，忙说："这是老祖宗定的……"

有一次，妈妈在院子里用玉米喂鸡，几只老乌鸦来抢鸡食，郭永怀去赶乌鸦，乌鸦立刻就飞走了，但不一会儿又飞了回来。郭永怀心想：乌鸦比鸡高一招，能飞。鸡和乌鸦都有翅膀，为什么有的能飞，有的不能飞？妈妈蒸馒头时，为什么热气能把锅盖顶起？为什么煮鸡蛋时，有的鸡蛋还会发生"爆炸"，臭气熏天？少年郭永怀的小脑子里充满了疑问。

郭永怀在自传中说："我在家附近的小学共念了 3 年，由于学校不正规而又在家门口，家里一有事就影响上学，为此，父亲就把我送到我哥哥开商店的小镇上——石岛。"

1922 年，郭永怀就读于石岛明德小学，在此接受新式教育，并接触到一些进步思想。清末，郭永怀的爷爷在石岛永安桥附近开设永达酒

---

1 郭普远 . 郭永怀李佩夫妇感动中国的人生［Z］.（非正式出版物），2017：12.

坊，采用地瓜干、高粱等粮食酿酒。酒坊采取前店后厂的模式，在门口设置柜台出售各种烧酒，远近闻名。郭永怀在明德小学读书时，就住在酒坊。

郭永怀到明德小学后，有一段时间，由于之前的基础不好，学习上感到很吃力。而周围的同伴，因为受到过相对较好的基础教育，都能很好地应付新的课程和考试。相比较之下，一股很强的好胜心激励着他开始发奋用功。[1] 伴随学习自觉性的提升，他在这个领域的天赋亦逐渐显露出来。经过努力，他的功课日趋进步，成绩愈发靠前，开始在班里崭露头角，考试名次由原来的倒数几名一跃而进入前几名。对学习越来越投入的这段时间，他的身体却明显消瘦下来，原来白胖的脸也变得有些蜡黄。每当假日回家，父兄们见到他消瘦的样子都感到很心疼，但看到他得到的优等生奖状，都为他优异的学习成绩感到由衷的高兴，鼓励他继续好好学习。郭永怀劲头很足，表示不负父兄所望。

当时，郭永怀还培养了一项爱好，就是对美术的兴趣。[2] 明德小学在当时就已是一所新型的学校了，开设了新课程，美术课就是其中之一。郭永怀通过学习美术，能画一手挺不错的画。那时，家中或村里需要写写画画的地方（如供奉、婚庆等），大伙儿常常找他帮忙。这种美术兴趣也对郭永怀摄影爱好的产生起到了积极作用。后来，在郭永怀的中关村住所，

郭永怀自画像

1　郭永振（郭永怀堂兄）访谈记录，1987 年 11 月。

2　郭永振（郭永怀堂兄）访谈记录，1987 年 11 月。

多幅以农村生活为题材的素描画挂在墙上。郭永怀还画过一幅自画像，样貌神采跃然纸上。

郭永怀在明德小学度过了 4 个春秋。1926 年 1 月，寒意尚未散尽，他以斐然的成绩，为高小学业画上了圆满句号。自那以后，知识的火种在他心底熊熊燃烧，他对文化学习的热忱与日俱增。彼时的村庄，高小毕业生犹如凤毛麟角，可他并未就此满足，恰似一只振翅欲飞的鲲鹏，追求新知成为他心中永不熄灭的炽热愿望。在求知的浩渺苍穹中，郭永怀开启了充满期待的漫漫征途。

他乡求学：北上南下伴烽烟

1926 年，为了学习更多的新知识，郭永怀投奔亲戚，考入私立青岛大学附属中学读书，自此离开了生活 17 年的家乡。1926—1929 年，郭永怀就读于私立青岛大学附属中学。在青岛读书期间，郭永怀除了对数学感兴趣外，还对物理学特别痴迷。学校的老师们认可他的学习劲头，鼓励他毕业后到高等学府继续深造。[1]

1929 年 9 月，郭永怀考取南开大学预科理工班。南开大学既办本科，也办预科，其预科水平相当于普通高中。预科班分文、理两科。理工科所学课程包括数学、物理、化学、生物、英文、历史、文学等。预科班学制两年，虽相当于一般高中，但由于课程大都由教授担任，选用的教材也多是优秀的英文原版书，因而预科班学生的实际水平比一般高

1　李家春，戴世强．郭永怀传略［J］．中国科技史料，1985（1）：42–51.

郭永怀在青岛读书时与同学的合影

中学生高。[1]

在这段求学的时间里，郭永怀仿若一位执着的探索者，一头扎进知识的迷宫，凭借着顽强的毅力与卓越的智慧，独自钻研，直至觅得那熠熠生辉的答案。不仅如此，他心怀同窗，常伸出援手，助力他人在求知路上稳步前行。预科班的两年时光，恰似一段精心雕琢的序曲，为郭永怀奏响了通往力学理论研究殿堂的前奏，扎实的数学基础，成为他日后逐梦路上坚不可摧的基石。

在读预科期间，郭永怀的勤奋与天赋，深深吸引了申又枨先生的目光，二人由此结下了深厚如渊的师生情谊。后来，郭永怀负笈海外，学成归国，那颗尊师重道的心从未改变，时常前去探望申先生，就像游子归巢，向恩师倾诉一路的见闻与成长。而申先生，每当听闻郭永怀取得的斐然成就，欣慰之情便如春日暖阳，溢满心间，为自己曾经的得意门生感到无比骄傲。

在那求知若渴、充满朝气的青春韶光里，郭永怀与胡世华、陈振汉等 6 名志同道合的青年才俊，怀揣对知识的炽热渴望与无限热忱，携手并肩，共同发起成立了别具一格的读书会——“微社”。“微社”虽规模不大，却宛如浩渺夜空中一颗熠熠生辉的独特星辰，散发着独属于它的迷人光芒，照亮了他们求知的漫漫征途。

他们满怀期待地约定，每周都要举行一场别开生面、思想激烈碰撞的讨论会。每当那温馨而又充满期待的相聚时刻来临，每个人都化身为虔诚的知识布道者，带着真挚与热忱，轮流分享自己在知识海洋中遨游的深刻心得，交流各自别具一格的学习经验。讨论的问题，恰似苍穹中自由翱翔、无拘无束的飞鸟，所涉范围极为宽泛，从学术领域的前沿难

---

1 陈振汉（北京大学教授）访谈记录，1987 年 10 月 11 日。

题，到生活里的细微感悟，均在他们热烈探讨的范畴之中，无所不包。

当然，“微社”的活动恰似一幅色彩斑斓、绚丽多姿的宏伟画卷，绝非仅仅局限于学术研究这一单调的色调。在谈天说地的轻松氛围里，思维的火花肆意迸发、热烈碰撞，宛如夜空中绽放的烟火；当沉浸于浩瀚书海之时，他们的灵魂仿佛与古老的文字进行着一场跨越时空的深度对话，汲取着无尽的智慧养分；而在交流对社会的看法之际，他们更是将个人的成长轨迹与时代的强劲脉搏紧密相连，展现出青年一代对家国命运的深切关怀与担当。一次次精彩纷呈的活动，就如同细密且坚韧的针线，将他们彼此的心灵紧密缝合在一起，情感愈发深厚浓烈，似陈酿的美酒，越久越香。

“微社”成员仅有寥寥六人，郭永怀在其中占据着至关重要的地位，无疑是核心成员之一。这个看似毫不起眼的小小读书会，虽未曾涉足那些高深莫测、令人望而却步的学术巅峰领域，却宛如一泓清澈甘甜的清泉，源源不断地滋养着年轻人好学上进的精神幼苗。这颗蕴含着无限潜力的小小种子，在悠悠岁月的精心沉淀与悉心培育下，悄然生根、发芽，茁壮成长为参天大树。它对他们往后漫长而艰辛的学术生涯，产生了深远且难以磨灭的影响，宛如一座高耸入云、光芒万丈的明亮灯塔，坚定不移地照亮了他们在学术之路上奋勇前行的方向。

微社，是郭永怀他们探讨专业与志向的舞台。在这个小小的读书会上，虽然没有讨论过太多高深的学问，却培养了这些年轻人好学上进的精神。

在预科的两年中，对郭永怀影响较大的有申又枨和顾静薇两位教授。申又枨是著名数学家，顾静薇是我国早期的女博士之一。一起创办微社的胡世华，后来成为数理逻辑学家、计算机科学家、中国科学院院士；陈振汉成为经济学家、经济史学家，北京大学教授、博士生导师。

彼时，郭永怀所在班级的物理课由刚从麻省理工学院毕业归国的卢祖诒担任主讲教师，而助教一职则由南开大学本科毕业留校的吴大猷担任。吴先生在承担批改学生作业重任之余，主要负责物理学实验的相关工作。值得一提的是，吴先生同时还肩负着本科物理课的教学任务。然而，时光的车轮匆匆转动，没过多久，吴大猷也踏上了赴美深造的征程，前往密歇根大学攻读硕士和博士学位。

1931 年 7 月，郭永怀预科毕业。按南开大学的惯例，预科毕业生如果要进入本科进一步学习，还要经过严格的考试。对于想深造的学生们来说，这个惯例自然是不受欢迎的。于是，学生们向校方提议免去考试。陈振汉在《南大周刊》上发表了题为《为预科学生请命》的文章，向校方公开呼吁。最终，校方采纳了学生们的意见。[1] 郭永怀也顺利地进入了本科阶段的学习。在选择专业的时候，因为在数学上的专长和对光学的浓厚兴趣，郭永怀决定选择物理专业。当时，社会上一般认为学理科没有多少出路，而采矿专业和工商专业毕业后谋事容易。[2] 同伴们劝他不要选择物理专业，但郭永怀不为所动，坚持选择了自己喜欢的专业。

郭永怀转入本科后，投到顾静薇教授门下，成了她唯一的物理专业的学生。顾静薇 1926 年毕业于美国康奈尔大学，获学士学位；1928 年毕业于耶鲁大学研究院，获硕士学位；1931 年毕业于密歇根大学研究院，获物理学博士学位。她是我国最早获得物理学博士学位的女学者之一。郭永怀凭借其良好的数学基础和孜孜不倦的求学精神，深得顾先生

1　陈振汉（北京大学教授）访谈记录，1987 年 10 月 11 日。

2　吴大猷．回忆［M］．北京：中国友谊出版社，1984：8.

赏识。她为郭永怀单独开课，使他在学业上有了长足的进步。[1]

1932 年 8 月，饶毓泰回国并应北京大学之邀，担任北京大学物理系主任。顾先生认为，郭永怀应当到光学专家饶毓泰那里深造。当时，南开大学适逢办学经费紧张，拟缩小学生规模，鼓励学生转学，于是郭永怀便参加了北京大学的入学考试。面试环节，北京大学请清华大学教授周培源先生对郭永怀进行面试，内容是理论力学。经过一小时的问答后，周培源先生发现郭永怀对这门课程掌握得很好，并且能运用力学规律来解释实际问题，周先生十分满意，给了他很高的分数。郭永怀在其他课程考试中也表现优异。[2,3] 1933 年 9 月，郭永怀如愿进入北京大学物理系，插班在三年级学习。[4]

郭永怀考取北京大学，师从饶毓泰教授。饶毓泰是物理学家、教育家，中国近代物理学奠基人之一，创办了南开大学物理系，长期担任北京大学物理系主任。

郭永怀一开始想学电机工程专业，此时的他对毕业后找工作开始有所考虑。但是学了一年后，他发现自己对所学的东西没有什么兴趣，同时对前途又有了新的想法。他觉得社会太复杂，相比较而言，学校的环境比较单纯，而教学工作又比较清静，出于这个考虑，他决定改学物理专业。[5] 郭永怀在北京大学两年的本科期间学习的物理学课程主要有：朱物华教授开设的《应用电学》和《无线电学》、郑华炽教授开设的

1　李家春，戴世强．郭永怀传略［J］．中国科技史料，1985（1）：42-51.

2　周培源电话访谈记录，1987 年。

3　周培源．坚决服从国家和人民的需要［M］// 郑哲敏．郭永怀纪念文集．北京：科学出版社，1990：9-12.

4　国立北京大学民国二十四年（1935 年）六月各系毕业生清册．北京大学档案馆档案．

5　郭普远．郭永怀李佩夫妇感动中国的人生［Z］．（非正式出版物），2017：20.

《热学和热力学》、孙宗鑫教授开设的《几何光学》、饶毓泰教授开设的《电磁学》、吴大猷教授开设的《古典力学》《量子力学》和《理论物理学》等。其中,《量子力学》系国内首次开设，参加听课的学生很少，往往仅限于高年级学生选修。郭永怀对所有课程都刻苦认真，成绩优异，获得了任课教师和饶毓泰先生的好评。[1,2,3] 值得一提的是，饶先生还开设了一门《大气物理》课程，这在国内还是第一次。饶先生的课给郭永怀留下了很深的印象，尤其是它与航空空气动力学有密切联系，成为他日后专门从事空气动力学研究的最初动机之一。[4,5]

郭永怀扎扎实实地掌握了各门课程的知识。1935 年，郭永怀本科毕业时，他的成绩在班上近 30 位学生中名列前茅。[6] 吴大猷先生在他的《回忆》中还谈到他当年教过并在日后取得突出成就的郭永怀、马仕俊等人。[7]

在探索知识的漫漫征途上，郭永怀宛如一位执着的行者，怀揣对知识的敬畏与热忱，以超乎常人的专注与毅力，叩响每一门课程的智慧之门。无论是晦涩难懂的理论课程，还是充满挑战的实践科目，他都全身心投入，犹如一位技艺精湛的工匠，精雕细琢每一个知识的细节。每一次考试、每一份作业，都成为他展现卓越才华的舞台，他的成绩始终优异，令人赞叹不已。这般出类拔萃的表现，无疑成为任课教师们口中的佳话，大家对他的赞誉如潮水般涌来。而在众多欣赏他的师长中，饶毓

1　朱物华先生的来信，1987 年。

2　李晓惠先生（冶金部）的来信，1987 年。

3　马大猷（中国科学院声学所）访谈记录，1987 年 10 月 5 日。

4　李晓惠先生（冶金部）的来信，1987 年。

5　葛佩琦先生（中国人民大学）的来信，1987 年。

6　国立北京大学民国二十四年（1935 年）六月各系毕业生清册 . 北京大学档案馆档案 .

7　吴大猷 . 回忆［M］. 北京：中国友谊出版社，1984：21.

泰先生对他更是青睐有加，视其为可雕琢的璞玉。

在那个学术氛围逐渐浓厚却仍不乏空白的时代，饶毓泰先生以其卓越的远见卓识，独具慧眼地开设了一门在国内尚属首次的课程——《大气物理》。饶先生的课堂宛如一座深邃而神秘的知识殿堂，弥漫着智慧的芬芳。每一个知识点，在饶先生的妙语连珠下，都如同一颗颗璀璨夺目的明珠，或闪耀着理性的光辉，或蕴含着深邃的思考，散发着令人难以抗拒的迷人魅力。

郭永怀置身于知识的盛宴之中，如痴如醉。《大气物理》这门课程就像一首悠扬的乐章，深深烙印在他的心灵深处，成为他记忆中难以磨灭的美妙旋律。特别是课程内容与航空空气动力学之间那千丝万缕、错综复杂的紧密联系，恰似一颗饱含希望的种子，在郭永怀那充满求知渴望的心底悄然种下。随着时间的推移，这颗种子在他心中生根发芽，逐渐成长为他日后坚定不移、矢志不渝地投身于空气动力学研究领域的最初动力之一，引领他在这片充满挑战与未知的学术海洋中，扬起探索的风帆，驶向远方。

郭永怀因其卓越的才华与勤奋的品质，早已深深烙印在饶毓泰先生的心中。饶先生深知，郭永怀是一块不可多得的璞玉，拥有无限的潜力与广阔的发展前景。于是，饶先生诚挚地邀请郭永怀留在身边，担任自己的助教，并继续攻读研究生。1935 年 7 月，郭永怀本科毕业留校任教，考取北京大学物理系第一届研究生。不仅如此，饶先生以其深邃的学术眼光和长远的发展视野，敏锐地察觉到，郭永怀若想在学术之路上攀登更高的山峰，汲取更为前沿和丰富的知识养分，出国深造无疑是一条必经之路。为了助力郭永怀顺利踏上这一征程，饶先生可谓煞费苦心。

此后，饶先生在工作安排上处处为郭永怀考量。他尽量避免给郭永怀布置过多繁杂的事务，只为腾出充足的时间，让郭永怀能够心无旁骛地全身心投入中英庚款留学生考试的备考中。在饶先生看来，这不仅是一次难得的学习机遇，更是郭永怀迈向国际学术舞台的重要契机。

而在这段宝贵的时光里，郭永怀也深刻领会到了饶先生的良苦用心。他将全部的精力毫无保留地倾注于充实和巩固自身知识体系之上。每日，他沉浸在浩瀚的书海中，与古今中外的学术巨擘们进行思想的对话；他埋首于复杂的公式推导与理论研究，不断打磨自己的专业技能。他深知，每一分努力都将是他通往更广阔学术天地的基石，也唯有全力以赴，方能不负恩师的殷切期望。

在北京大学读书期间，郭永怀参与了吴大猷等知名教授从事的“拉曼效应”研究工作。拉曼效应是由印度物理学家拉曼于 1928 年发现的。拉曼效应表明，入射光线照射到介质上时将发生散射，散射光不仅包含原来的辐射，而且包含与原来光线不同波长的辐射。这一发现成为研究物质化学结构的重要工具。利用拉曼效应进行分子物理学研究具有设备简单、研究范围广、研究效果好等特点。他们以此方法研究碳同位素，获得了当时世界领先的成果。鉴于拉曼效应研究的重要性，饶毓泰先生建议郭永怀也进行这方面的研究工作。1937 年，物理学家玻尔来到北平讲学，在北京大学、清华大学作了《原子核的构造论》《原子核理论发展》《原子物理中的因果性》的演讲。每次演讲开始之前，郭永怀便早早来到现场，找个靠前的位置坐下，目光紧紧锁定在玻尔先生身上，眼神中满是对知识的热切渴望。在演讲过程中，玻尔先生每阐述一个观点，郭永怀都认真地在脑海中梳理、思考，遇到疑问，便迅速记录下来。他的思绪完全沉浸在原子核那神秘而复杂的构造世界里，外界的一切似乎都已不存在。此时的郭永怀，仿佛是一块干涸的海绵，拼命地吸收知识的甘霖。郭永怀不仅认真聆听，还多次积极地现场提问。他的问题精准而深刻，展现出他对知识深入的思考和钻研。同学们看着郭永怀不断求知的身影，纷纷投来钦佩的目光，对他的好学精神赞誉有加。

1937 年，卢沟桥事变爆发，全面抗日战争开始，北京大学很快被迫停课。不久，北京大学等不少高校启动南迁。这一巨大变化，给天南海北的学子们带来不同的人生选择。有的学生随校南迁，郭永怀回到了家乡威海，受到威海卫公立第一中学校长张宝山的邀请，在学校教书，承担数学和物理两门课程的教学工作。他在认真教学的同时，还勉励学生们发奋图强，为民族争气，引导学生重视科学技术。他深知科学技术的力量，故而用心引导学生重视科学，让他们明白科技是开启未来大门的关键钥匙，是民族独立的重要法宝。郭永怀为人朴实正直，学识渊博，尽管在威海中学只任教半年，却深受学生们的爱戴。

1938 年 3 月 7 日，日寇的铁蹄无情地踏入威海卫，如同恶魔般打破了这座城市的宁静。威海卫中学瞬间陷入混乱，师生们被迫离散，各奔东西，郭永怀也不得不离开这片熟悉的土地。

1937 年底，战火已迫近长沙，国民政府教育部令当时的长沙临时大学西迁昆明。1938 年 2 月，长沙临时大学开始搬迁；4 月，师生们历经千难万险抵达昆明，并奉教育部令改校名为国立西南联合大学（以下简称“西南联大”）。接着学校正式复课，此时正值郭永怀离开威海。当他得知西南联大复课的消息后，心中燃起了新的希望与热情，毅然决定奔赴昆明。1938 年 5 月，郭永怀辗转来到昆明西南联大，开始了他为期两年的半工半读生活，在这片新的学术天地里，继续追逐自己的梦想。

在抗战那风云激荡的岁月里，知识界弥漫着一股深沉的悲愤与激昂。西南联大，这所汇聚着众多有志之士的学府，大多数怀有民族正义

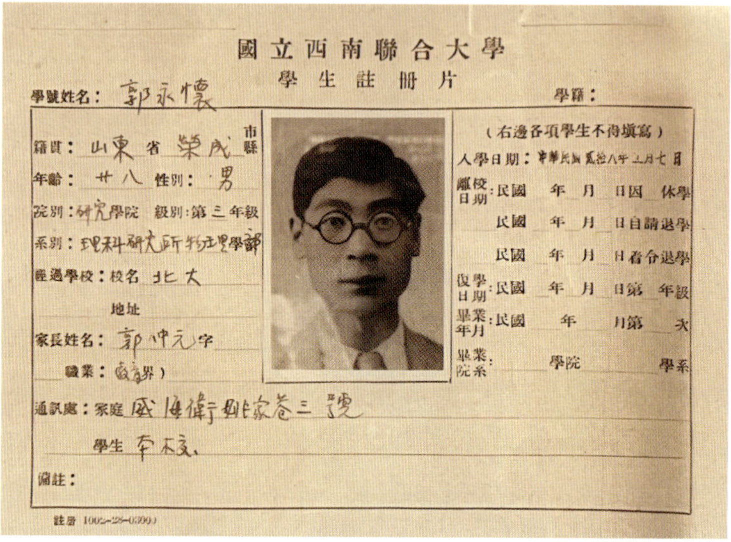

郭永怀的西南联大学生注册片

感的师生，每当目睹日寇在中国的广袤领土上如凶残暴虐的野兽般横行无忌，烧杀抢掠，犯下滔天罪行，内心便如被熊熊烈火点燃。

那怒火中升腾起一股炽热而坚定的科学救国热望。而这热望恰似黑暗中熠熠生辉的火炬，照亮了他们在困境中执着前行的道路；又宛如激昂澎湃的战歌，激励着他们以知识作剑，以科学为盾，矢志投身于拯救民族于水火的伟大征程。郭永怀便是这群热血师生中的杰出代表之一。他的目光透着坚毅与决绝。他的这股科学救国的热望，深深地镌刻在心底，化作前行的无尽动力，在追求科学真理的道路上，毅然迈出坚定的步伐。郭永怀早就怀有民族责任感，国难当头更增强了他科学救国的信念。

当时，西南联大不少师生开始关注与国防相关的学习和研究，目的是希望通过这方面的研究服务于国防，为抗战提供力所能及的支持。著名物理学家周培源就是其中的一员。

周培源是著名流体力学家、理论物理学家、教育家，中国科学院院士、中国近代力学奠基人和理论物理奠基人之一。在西南联大，郭永怀跟随周培源先生学习流体力学，研究湍流理论。半工半读担任助教的郭永怀和物理系助教林家翘、胡宁以及另外三名学生加入了周培源的研究工作。

这是郭永怀人生的一个重大转折，他希望通过与航空技术和飞机发展密切相关的流体力学研究实现科学救国、航空救国的愿望。在昆明短短的两年，他在名师的引导下逐步深入到流体力学研究领域，为以后出国进一步深造打下了坚实的基础。

郭永怀在西南联大工作学习期间，凭借自己扎实的学业基础，很好地把握了机遇，最终于 1939 年夏天考取第七届中英庚款留学生。在 1938 年夏天举行的第六届中英庚款留学项目的考试中，郭永怀虽然也报名参加，但由于准备时间过短，未能如愿获得资助。

获得第七批中英庚款留学基金资助，是郭永怀第二次获得此类资助。此前，他于 1938 年首次获得中英庚款董事会的科学研究资助，即当年获中英庚款董事会“协助科学工作人员资助”。该次资助涵盖了地质地理、动物学、算学、物理等 7 个学科，共资助 107 人，其中物理学科的受助者包含郭永怀。

当时，郭永怀选择寄居于昆明昆华中学高中部的一座四合院。这座四合院于喧嚣尘世中，宛若一方宁静的港湾，承载着诸多有志青年的梦想。

在这方小小的天地里，与郭永怀相伴而居的，皆是一时之俊才，有钱伟长、林家翘、傅承义、段学复等年轻学子。他们风华正茂，怀揣对知识的渴望与对未来的憧憬，相聚于此。四合院的每一寸土地，都留存着他们热烈讨论学术问题的身影；每一个角落，都回荡着他们为理想而奋斗的壮志豪情。

1939 年 2 月，第七届中英庚款会招考留英公费生的消息传来，这些年轻学子都感到十分激动，他们都希望获得这个难得的出国深造的机会，于是纷纷开始准备报考。

关于郭永怀、钱伟长和林家翘三人的迎考情况，有一段佳话。郭永怀的学生戴世强先生对这段历史进行了专门的整理，他在博客中生动地介绍了当时的情况：

“当时兵荒马乱，有志青年纷纷奔赴昆明的西南联大（由清华、北大和南开联合组成）。在昆华中学的狭小宿舍里，挤住着三十几人。那可是一个群英荟萃的地方啊，从昆华中学走出了后来的十几位院士！

“忽然，传来第七届庚款留学招生的消息。一石激起千层浪！书院里顿时热闹起来！考期如此临近，怎么准备呀？

“最着急的是钱伟长，他从北平南下时，因为缺少盘缠，不得不到天津的耀华中学教了一年物理课，待攒够了旅费后，绕道香港、海防、河内，沿着滇缅公路才到达昆明。为了轻装简从，手头没留一本基础课教材，而西南联大几乎没有藏书，如何温课应考？他抓瞎了。郭永怀的境况也好不了多少，他俩成了一对‘难兄难弟’。

“这时，只见林家翘不慌不忙地说：‘别着急，我来帮你们忙。’他从自己的行囊里掏出一摞笔记本，上头的蝇头小字十分工整。钱、郭拿过来一看，不正是他们急需的数理力材料吗？

“原来，林家翘做本科生听课时，有这样一个习惯：每当上课时，他都聚精会神地听课，不时把老师讲课的要点记下来；到晚自习时，他会静坐在书桌前，在自己的脑海里‘过电影’，把全天听的课程内容回忆一遍；然后就挥笔直书，把学过的内容默写出来；再依据相关的参考

七屆留英公費生
錄取二十四名

◉重慶二十五日電　中英庚款董事會、本年第七屆留英公費生考試、二十四日已揭曉、計錄取物理郭永懷、錢偉長、傅承義、物理化學汪盛年、林慰楨、生物化學張龍翔、沈昭文、算學林家翹、段學復、曾山勝、地理李春芬、航空工程謝安祜、朱承基、冶金、姚玉林、張祥瀛、獸醫宋杰、教育黃飛、張樵休、歐陽子祥、法學新文翰、陳泰沂、韓德培等、二十四名、該會已代購定赴英輪位、通知錄取各生、於九月九日前集港、乘十六日由港放洋之大英輪公司郵船出國

《申报》载第七届中英庚款公费留学生录取情况

中英庚款會
錄取留英學生
暫在學校機關研究實習

（重慶十五日電）中英庚款董事會本年錄取留英生郭永懷等二十四人、因歐戰中止出國、該會已爲各生洽定相當學校機關研究實習、並各延聘導師指導、俟明年歐戰或能平定、再行出國、

《申报》载第七届中英庚款留学生消息

书（那时一般没有讲义）进行一些订正；到了周日，再把每门课全周学习的内容整理成正式的笔记。到课程讲完时，他不仅记住了课程的要点和来龙去脉，还留下了工整的笔记（包括习题本）。没想到，这时可以派上大用场了。

“钱、郭两人喜出望外，拉着林家翘的手，大呼：‘谢谢你啦，小老弟！’（钱、郭分别比林大 6 岁、4 岁）。因此，他们就每天捧着这些笔记温课，还经常切磋疑难问题。

“最后，一起进考场，得到相同的分数，一起被录取。”

1939 年，郭永怀考取第七批中英庚款留学基金资助资格。第七批中英庚款留学生选拔考试，于当年 7 月 23—25 日举行，8 月 25 日考试结果公布。在众多参加考试的考生中，有 24 人入选，包括物理学科郭永怀、钱伟长和傅承义 3 人，还有算学、教育和法学各 3 人，物理化学、生物化学、地理、航空工程和冶金各 2 人，以及药物学和兽医各 1 人。

在以上被录取的 24 名学生中，有部分人至少是第二次参加中英庚款的考试。第六届中英庚款的报考学生名单中有郭永怀、傅承义、姚玉林、陈春沂、靳文翰、张孟休、欧阳子祥、林慰桢、沈昭文、罗开富、段学复、韩德培等 12 人。据《中英庚款史料汇编》，第七届中英庚款考试的报名者是 384 人，而实际参加考试者为 323 人。在这 323 人中，全国共有 11 人参加了“应用弹力学”学门的考试，最终录取了郭永怀和钱伟长二人。在林家翘、段学复、曹隆报考的“算学”学门，全国共有 23 人参加了考试。这两个学门此次考试的录取率都超过了 10%。

当年，《申报》刊载的录取名单上，没有具体区分，将郭永怀、钱伟长和傅承义三人的学门都列为物理。报考物理门的有 11 人，最终录取了郭永怀、钱伟长和傅承义，郭永怀和钱伟长同属应用弹力学，傅承义则是应用地球物理。[1]

郭永怀夫人李佩教授曾经在接受记者采访时回忆道："1939 年春，学校（西南联大）公布有 7 人考取了中英庚款基金留英公费生，其中就有钱伟长、郭永怀和林家翘。他们三人都是专门攻读力学的。本来中英庚款基金会规定，每门学科每年只录取一名留学生，但这次，他们三人考得一样好，因此，在重庆的考选委员会上，清华大学的叶企孙教授和北京大学的饶毓泰教授为他们力争，终于让中英庚款基金会同意破格同时录取他们三人。"

学科分类及三人是否竞争同一个科目，说法不一。清华大学教授蒲以康曾撰文指出，在物理应用弹力学科目中，确实录取了两名学生：郭永怀和钱伟长。这比原计划多出一人。但这不是唯一事件，因为在物理化学、生物化学、算学、教育学和法学五个专业也都多招了一名。需要注意的是，林家翘报考的科目是算学，而不是力学。

从林家翘保留的一份中英庚款董事会第七届留英公费生证书上，能获得关于这一"争议"的重要信息。该证书签发的日期是 1939 年 8 月 25 日，签发人是董事长朱家骅。证书上标明林家翘被录取的学门是"算学"，而不是"物理"或"应用弹力学"。

蒲以康认为，"这些资料清楚地表明他并没有跟郭永怀和钱伟长竞争同一个科目的录取名额"。在进一步分析后，他认为，"当初一个录取名额后来招了三名学生的说法有误"。

1　蒲以康．第七届中英庚款留学生的出国求学之路［J］．科学文化评论，2021（1）：5–24.

第七届中英庚款留学生合影（后排右三为郭永怀）

曲折留洋：科学报国身赴险

考取庚款留学资格，本就一波三折，实属不易。然而当时全球烽火愈发严重，此行能否顺利，一切皆无确切信息。果然，出发前不久，欧战爆发，山远水阔，遍地阻隔。出发途中的郭永怀一行，不得不返回昆明，以等待进一步的消息。这一等，又有许多波折。

按照当时的要求，在公布录取名单之后，学子们的赴英留学之路也即将开启。果然，1939 年 9 月 1 日《申报》第 6 版上刊登了中英庚款董事会的通告，要求“录取人见报后，即电重庆两路口本会（电报挂号款字），接洽出国手续并限九月九日前向香港德辅道中八号三楼高宝森公司亲自报到，领取留学证书、出国护照及公旅服装等费，统于九月十六日乘 Rajputana 轮出国不得延误”。[1]

这艘“拉杰普塔纳号（Rajputana）”邮轮是当时的一艘万吨级邮轮，但这次却未能如愿承载东方的学子们踏上求学的道路。当年 9 月 1 日，德国入侵波兰，欧战爆发；9 月 3 日，英国和法国相继对德国宣战，第二次世界大战全面爆发。1939 年 9 月 4 日，英国海军部宣布开始征用商业船只，“拉杰普塔纳号”邮轮就是其中的一艘。随后，这艘邮轮在加拿大的一个港口被改装成武装运输船，并于 1939 年 12 月 16 日完成改装服役。

消息很快传到国内。1939 年 9 月 5 日的《申报》报道：“所定轮船已被征用：管理中英庚款董事会本年考选第七届公费留英生，共录取物理等科各学门及格生二十四名，原定于本月十六日集中香港，领取出

1 中英庚款会．中英庚款会通告［N］．申报，1939-09-01（6）．

国护照及服装费，乘预定之英轮出国赴英。近日来欧洲战事爆发，军运繁忙，该轮被英军当局征用，留英生出国又发生问题，不得不酌予延期。惟据记者向英商航业方面控悉，目前任何人员欲乘外商轮船出洋，恐非易事，故预料本届留英公费生出国，短期内恐难成行云。”[1]

这一等便到了次年初，郭永怀等接到消息，从留英改为留学加拿大。未曾想，这个尚未受到战火明显波及的目的地，也难以一帆风顺，因为护照的原因，他们第二次中断行程，又返回了昆明。求学道路，荆棘遍地。

直到1940年夏，第三次出发的消息传来。1940年7月17日《大公报》的香港版报道，题目是“中英庚款留英学生改赴加拿大攻读一部已由滇来港”，内容为“［昆明十六日下午八时二十四分发专电］上届中英庚款留英学生，前因欧战关系，迄未赴英，现决改赴加拿大研习，居留各地之考取学生，定期在香港集中，乘轮放洋。在滇各生十六日已乘专机飞港”。[2] 中英庚款董事会之所以给昆明的学生安排专机，是因为当时滇越铁路的越方一段已经完全被日军控制，导致该路线无法通行。

关于这段一波三折的留洋求学历程，个中细节已难详尽考证。而战火纷飞，学子胸怀科学救国大志，毅然赴险，与时局共颠簸，可谓艰辛。有资料大略整理为：第一次是昆明—滇越铁路到越南海防—香港—昆明；第二次是昆明—上海—昆明；第三次是昆明—上海—温哥华—多伦多。

1　中英庚款会．欧洲战事爆发　留英生出国难［N］．申报，1939-09-05（8）．

2　中英庚款会．中英庚款留英学生改赴加拿大攻读 一部已由滇来港［N］．大公报（香港版），1940-07-17（3）．

郭永怀在“俄国皇后号”邮轮上

1940年8月，郭永怀等人抵达上海与其他留学生会合。按照林家翘护照上的日期，他们一行自1940年8月10日从上海上船，11日出发，中途停靠日本多个港口（不下船，所以无须日本签证），于1940年8月26日抵达加拿大西部城市温哥华。温哥华是再次出发的起点，成员们从温哥华最终再到各自的学校留学。郭永怀、钱伟长、林家翘三人到多伦多大学师从同一个导师辛吉（J.L.Synge）教授。由此便开启了学术生涯的崭新篇章，在异国学术天空中，逐渐绽放出属于自己乃至中华民族的璀璨光芒。

彼时，祖国全民抗战，全球烽火燃烧，求学之路万千阻隔。郭永怀等一众学子一次次满怀希望，又一次次打道回府，经历着滇越铁路上的往返波折，怀揣着大海泛舟时的憧憬，浇不灭求知的火焰和报国的决心。不平凡的求学路，在郭永怀这些学子们的内心，留下了深深的烙印，科学报国的信念也一次次巩固、一次次升华。

第二章　突破“声障”世界级难题

1940 年，郭永怀赴加拿大多伦多大学深造，仅用半年就获得硕士学位；1941 年，他进入美国加州理工学院，师从世界著名航天工程学家冯·卡门，一举突破“声障”这一世界级难题；1946 年，郭永怀赴美国康奈尔大学执教，成为该校航空研究院三位创建者之一，并创立了国际上公认的“PLK 方法”。十余年间，郭永怀从一名普通留学生成长为蜚声中外的大学教授，不仅在世界顶尖空气动力学领域有了自己的一席之地，更在最前沿领域留下了自己浓墨重彩的印记。

多伦多：中国竟有如此杰出的人才

在那风雨如晦的年代，历经求学路上无数劫波的中国青年才俊们，终于在加拿大这片土地上，开启了梦寐以求的求学之旅，徐徐拉开了各自学术生涯的崭新大幕。

1940 年 9 月，秋意正浓，郭永怀、钱伟长、林家翘等一众风华正茂的青年才俊，踏入了加拿大多伦多大学应用数学系的殿堂。他们在国内早已筑牢了坚实的学术根基，心中更怀揣对知识如饥似渴的钻研热忱。在这片充满希望的学术天地里，他们仿若不知疲倦的飞鸟，尽情汲取着知识的养分。仅仅历时半年有余，他们便凭借卓越的才学与不懈的努力，斩获硕士学位，如同一颗颗璀璨的星辰，在学术的苍穹初绽光芒。

在多伦多大学，郭永怀与钱伟长、林家翘等人一同选定了应用数学系，自此踏上了一条探索学术奥秘的征程。课堂之上，他们全神贯注，跟随教授的思路，在知识的海洋中畅游。而郭永怀并不满足于既定的专业课程，他深知唯有博采众长方能在学术之路上走得更远。于是，他如一位执着的寻宝者，挤出点滴时间去旁听波兰物理学家英菲尔德（Leopold infeld）与英联邦应用数学领域的知名学者辛格（John Lighton Synge，1897—1995）教授的精彩授课。每一堂课，对郭永怀而言，都是一次与智慧的深度对话，是在知识的广袤天地中探寻未知宝藏的珍贵契机。

基于科学救国、航空救国的思想，郭永怀等三人的研究方向都与国防、航空有着不同程度的联系。他们在多伦多大学应用数学系都只用了半年多的时间便完成了硕士论文并获得硕士学位。郭永怀完成硕士论文《可压缩黏性流体在直管中的流动》。钱伟长的硕士论文题目为《弹性板壳的内禀理论》。钱伟长的论文展示了数学方法在固体力学中的应用，与航空工程和飞机制造也有密切的联系。中国青年学者的学术素养和求学精神，给多伦多大学的师生们留下深刻的印象。多伦多大学应用数学系主任辛格赞叹道："想不到中国竟有如此杰出的人才，他们是我一生中很少遇到的优秀青年学者。"

辛格原籍爱尔兰，是英国皇家学会会员，由于德军空袭来到多伦多大学，创建了北美第一个数学系。辛格的另一位中国博士生是著名力学家、应用数学家钱伟长。

李家春、戴世强所著《郭永怀传略》中，对这段历史有着较为详细的记载。那时候中国人在外国的地位是低下的，辛格教授以怀疑的态度接待了三位来自中国的青年学者。他看了他们的成绩单，随后进行了学术交流，这才令辛格教授刮目相看。辛格教授发现他们学识渊博，基础扎实，并且在中国已做过高深的研究工作，因此，他对他们大为赏识，决定把三人留在身边亲自指导。[1]

辛格教授在数学上有很高的造诣，他将数学工具巧妙地用于物理学研究，并且在天文学领域取得了非凡的成果。辛格的这种应用数学研究风格，其实严格来说并非数学研究，而是把数学作为强大的工具研究物理学、天文学和力学问题，这也恰恰是钱学森、郭永怀等著名科学家的研究风格。应用数学其实与哥廷根应用力学学派的风格也是一致的。

初到异国他乡，适应当地的生活还是比较困难的，特别是在语言方面。所以，郭永怀他们在多伦多大学除了和导师辛格教授经常在一起外，很少和其他外国人交往。

在异国他乡的时光里，几个志同道合的中国同伴宛如亲密无间的家人，常常相聚一处。他们围坐在一起，热烈的学术讨论便如激昂的乐章般奏响。从深奥的学术理论到前沿的研究成果，他们各抒己见，思维的火花在空气中激烈碰撞。而每当话题稍作转换，谈论起祖国的兴衰荣辱时，他们的神情瞬间变得凝重，眼中满是忧虑与关切。

彼时，欧战的烽火正熊熊燃烧，惨烈的战火席卷着欧洲大地。而在遥远的祖国，日寇的铁蹄正肆意践踏，山河破碎，百姓流离失所。祖国所遭受的无情蹂躏，如同一把利刃，深深刺痛着郭永怀等众学子的心。第二次世界大战战局的每一丝变动，都紧紧牵动着他们的神经；中国的命运，更是他们心底最为关切、日夜忧虑的重中之重。

1　李家春，戴世强．郭永怀传略［J］．中国科技史料，1985（1）：42-51.

在紧张的学习之余，郭永怀等众学子也会忙里偷闲，享受生活的美好。他们会一同外出散步，漫步在异国的街道与校园小径，呼吸着清新的空气，感受着大自然的宁静与力量。有时，他们会结伴郊游，走进广袤的自然天地，让身心在山水之间得到放松与滋养。在那片翠绿的草地上，他们或坐或躺，分享着彼此的故事与梦想，以及对祖国的眷恋之情。

看电影也是郭永怀等众学子喜爱的休闲方式之一。段学复清晰地记得，他们几个伙伴曾一同走进电影院，观看了那部名为《居里夫人》的影片。当银幕上展现出居里夫人对科学的执着追求与无私奉献时，他们不禁被深深打动。郭永怀更是看得全神贯注，眼中闪烁着敬佩与感动的光芒。

郭永怀对大自然有着一种特殊而深厚的感情，仿佛与世间万物都有着心灵的沟通。漫步在郊外，他对一草一木大都能娓娓道来，从植物的种类、习性，到与之相关的有趣故事，他都如数家珍。这或许与他儿时乡村生活的经历有很大关系。他对大自然的热爱还体现在对摄影的痴迷上。他总是随身携带着那台当年在南开大学时精心购置的相机。这台相机仿佛是他与大自然对话的另一种方式。无论是与同伴的欢乐瞬间，还是迷人的风景、灵动的花鸟，都能成为他镜头下的美妙画面。他会精心挑选一些拍摄的照片，送给身边的同伴。这些照片不仅仅是影像的记录，更是他们在异国岁月里珍贵情谊的见证，留作永恒的纪念。

从林家翘的回忆中能够得知，多伦多大学对硕士生的要求是侧重基础课学习，而论文则放在次要位置上，主要目的是为攻读博士学位打下坚实的基础并积累研究经验。这几位在国内早已成为精英青年学者的年轻人，早就有了扎实的理论知识积累，并在国内都进行过科学研究实践的锻炼。因此，我们不难得知，郭永怀他们在多伦多大学修课和从事论文研究都比较轻松，凭借出色的表现让大学内的师生们刮目相看。

辛格教授和英菲尔德教授都是欧洲哥廷根学派的传人。哥廷根学派是应用数学的倡导者，他们都有很深的数学功底和对物理过程有更深刻的理解。辛格教授为他们讲授的第一课便阐明了哥廷根学派主张运用数学解决实际问题，这和一般数学家所理解的“应用数学”有所不同。数学家们是从数学中找问题，哥廷根学派则是从物理、化学和一般技术中找问题，并且要用高明的数学方法去说明物理或技术问题。首先要弄清物理或具体技术问题的本质，继而要用数学工具予以表达，最终按实际问题的需要求得实际的定量或定性答案。辛格教授还对学生们强调：“数学是汪洋大海，为了解决实际问题，我们应有不怕淹死的精神，跳进这个汪洋大海，去寻找最好的数学工具，用来解决实际问题。”他力主不要怕数学，但也不能迷在数学中。他还多次强调，我们要勇于跳进大海，但一定要在找到宝后尽早爬上岸来，用这个宝去解决实际问题。

辛格教授倡导的哥廷根应用数学学派的理念，使郭永怀、钱伟长和林家翘等人深受教益。他们从应用数学出发，之后朝各自的方向发展，并且都在各自领域取得了非凡的成就。因此，在多伦多大学虽然仅仅学习了半年多，却为郭永怀、林家翘后来的学术事业奠定了十分重要的知识、思想和方法论基础。

1941 年 5 月 23 日，郭永怀完成了硕士学位论文答辩，并被多伦多大学应用数学系授予硕士学位。他的学术能力初露锋芒。然而，郭永怀并未就此止步，他继续深入研究可压缩流体跨声速流动相关的问题。由此，郭永怀和林家翘决心一道赴美求教于冯·卡门教授。一段新的科研路程开启，一项享誉世界的研究即将诞生。

加州理工：突破世界级难题

1941 年 5 月，郭永怀进入美国加州理工学院，师从著名航天工程学家冯·卡门，学习空气动力学。

郭永怀的学生毛鸿羽在《永怀郭先生“边界层理论”的教导》一文中，对这段历史进行了简述。他在文中说，打开航空、航天世纪大门的钥匙，是 1904 年德国科学家路德维希·普朗特提出的“边界层理论”，由此流体力学得到了划时代的发展。

匈牙利籍犹太人冯·卡门，1906 年慕名来到哥廷根大学跟随普朗特从事研究。此处宕开一笔，创办北京航空学院（现北京航空航天大学）的陆士嘉先生于 1937 年考入德国哥廷根大学，成为普朗特教授唯一的中国籍女留学生，并于 1942 年获得博士学位。

1926 年，冯·卡门移居美国，到加州理工学院任职，开始从事与研制飞机、火箭、导弹相关的科学探索，并建立了古根海姆空气动力学实验室（GALCIT）。在 20 世纪 30—50 年代，钱学森、郭永怀、钱伟长、林家翘先后来到加州理工学院，师从冯·卡门并取得博士学位。其间他们都做出了杰出贡献。周培源教授也曾在冯·卡门处访问有年。钱学森、郭永怀、钱伟长、林家翘、周培源以及张维、陆士嘉夫妇，成功地将国际上以普朗特为首的哥廷根大学应用力学学派的优良作风与精神带到了中国，并使其不断发扬光大。

冯·卡门在指导郭永怀、林家翘开展博士论文研究的时候，特地指定已经获得博士学位的钱学森协助指导郭永怀，在中国相当于副导师。郭永怀夫人李佩则称钱学森是郭永怀的“小导师”。[1]

---

1 李佩，口述；张凯，徐娜，张现民，吕成冬，整理．钱学森认为“最相知”的专家[J]．文史博览，2013（12）：14-17.

郭永怀硕士毕业时与钱伟长、林家翘在多伦多大学的合影

1945 年，郭永怀突破“声障”这一阻碍航空航天事业发展的世界级难题，写出博士论文《跨声速流动不连续解》，获得博士学位。

声障，亦称音障，可以简单理解为：飞机在飞行速度接近声速时，前方的空气因来不及散开而受到压缩，密度、温度突然增加，阻碍飞机向前飞行，出现阻力增加、操作失灵，甚至导致飞机解体的现象。世界航天事业发展初期，这是所有研究这一领域的科学家无法回避的问题，人们曾经一度认为声障是飞机速度不可逾越的障碍。

超声速空气动力学研究的历史很早。德国的马赫在 19 世纪 80 年代末至 90 年代初，对超声速弹丸首先进行了试验研究，并发现了后来以他的名字命名的马赫波、马赫锥。由于马赫研究的是高速飞行的子弹和炮弹，因此航空界对超声速特性及激波一类的问题一直不是很清楚。直到 20 世纪 30 年代后期，一系列惨痛的飞行事故促使航空界开始重视高速空气动力学特性的研究。

克服声障实现超声速飞行，很大程度上有赖于跨声速空气动力学的建立。跨声速研究已成为 20 世纪 40 年代空气动力学的前沿课题。科学家们通过大量的实验观测和理论分析发现，飞行器在做跨声速飞行时会出现激波。激波是流动气体性质发生跃变的结果，这时空气的密度、压强、温度的变化是突然的，熵的变化是不可逆的。由于气体冲进激波而被压缩，它同时吸收了动能消耗产生的气动热，使熵增加，这种动能的消耗就表现为对物体的阻力。由于激波的出现伴随着流场不连续的跃变，因此在跨声速研究中，如何选择飞行器的几何形状以便减少动能的损失，以及如何解决“跨声速流动的不连续性”问题，便成了进一步提高飞行速度的关键。这无论在理论上还是在工程实践中都有难以估量的重要意义。郭永怀恰恰选定了这个难题作为他博士研究的课题。正如钱学森所说：“永怀同志因问题对技术发展有重要意义，故知难而进，下决心攻关。”

要在理论上解决这一课题绝不是轻而易举的事。这时支配流体运动规律的数学方程不再是线性的，而是兼有椭圆型、双曲线型的混合型方程，而且由于速度的增大，空气不可压缩的近似假设已不能精确地反映出真实气体的特性。非线性、混合型、不连续以及可压缩性这些难点交织在一起，使得问题异常复杂，根本没有现成的方法可供运用。当时 GALCIT 正处于鼎盛时期，人才济济，但很少有人敢碰这个难题的边。当郭永怀向冯·卡门提出自己的想法后，这位热情的航空大师非常高兴，他很钦佩这个年轻的中国学者的胆略和勇气，并尽量为郭永怀提供良好的研究条件，使他能集中精力工作。他逢人便说：“郭正在做一个最难的课题，你们不要用零碎的事情打扰他。”

自此，郭永怀全力以赴地投入工作。郭永怀深知借鉴他人的成果和经验教训的重要性，他广泛查阅各种文献资料，密切关注国际最新研究动态和研究进展，同挚友钱学森共同切磋商讨。空气动力学理论研究涉及大量高深的数学理论，诸如超几何函数、复变函数、线性和非线性偏微分方程等。这些内容异常复杂，若没有良好的数学功底以及高度的耐心和毅力，根本难以胜任该项研究。但郭永怀毫不退缩，当时在加州理工学院，有不少中国学者参与其中，如钱伟长、林家翘、傅承义等。到了 1943 年，周培源先生也来到加州理工学院，他在美国战时科学研究与发展局、海军军工试验站做战事科学研究工作（War Work）。[1] 郭永怀除了和同胞们一道进行一些学术讨论和假日共同进餐外，几乎断绝了一切娱乐活动。据说他在加州理工学院从事博士论文研究的四年中只看

1　傅承义（中国科学院）访谈记录，1987 年 10 月 26 日。

过半场电影。[1] 这正是他辛勤工作的写照。

功夫不负有心人。1944 年底，郭永怀终于以顽强的毅力和信心，凭借他在数学、物理学及空气动力学领域的扎实功底，完成了有关跨声速流动不连续解的出色论文，并获得哲学博士学位。钱学森对此作了恰如其分的评价：“郭作博士论文找了一个谁也不想沾边的题目，但他孜孜不倦地干，得到的结果出人意料。”

郭永怀获博士学位后，即留在 GALCIT 做研究员，继续从事跨声速空气动力学的研究工作，这期间他又完成并发表了几篇学术论文。

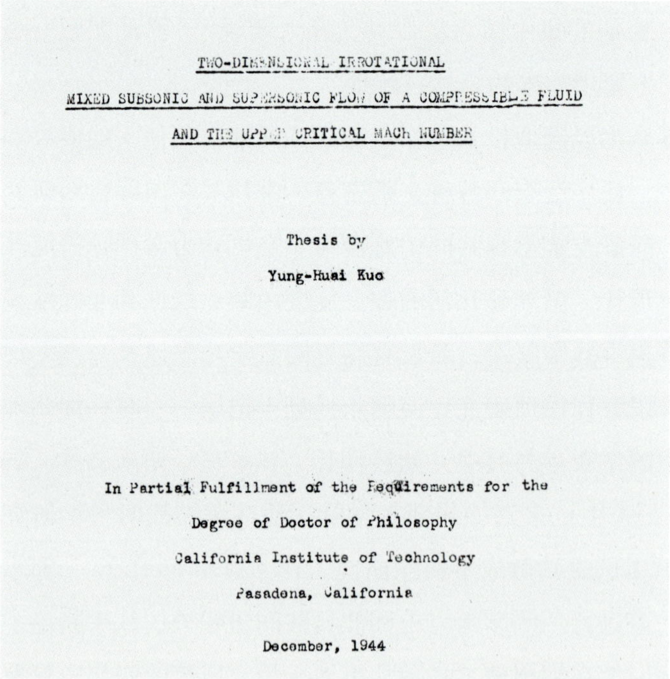

TWO-DIMENSIONAL IRROTATIONAL

MIXED SUBSONIC AND SUPERSONIC FLOW OF A COMPRESSIBLE FLUID

AND THE UPPER CRITICAL MACH NUMBER

Thesis by

Yung-Huai Kuo

In Partial Fulfillment of the Requirements for the

Degree of Doctor of Philosophy

California Institute of Technology

Pasadena, California

December, 1944

郭永怀博士论文《可压缩流体二维无旋亚声速和超声速混合型流动与上临界马赫数》封面

1　黄志澄．哥廷根学派与我国空气动力学的发展［J］．力学进展，1983（4）：21-27.

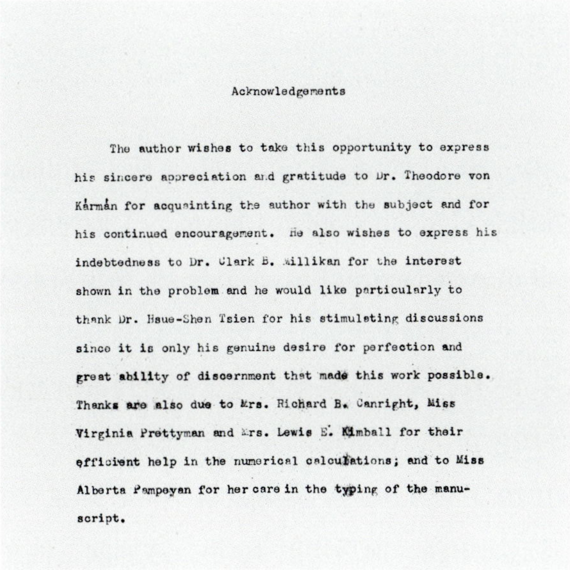

Acknowledgements

The author wishes to take this opportunity to express his sincere appreciation and gratitude to Dr. Theodore von Kármán for acquainting the author with the subject and for his continued encouragement. He also wishes to express his indebtedness to Dr. Clark B. Millikan for the interest shown in the problem and he would like particularly to thank Dr. Hsue-Shen Tsien for his stimulating discussions since it is only his genuine desire for perfection and great ability of discernment that made this work possible. Thanks are also due to Mrs. Richard B. Canright, Miss Virginia Prettyman and Mrs. Lewis E. Kimball for their efficient help in the numerical calculations; and to Miss Alberta Pampeyan for her care in the typing of the manuscript.

郭永怀博士论文致谢

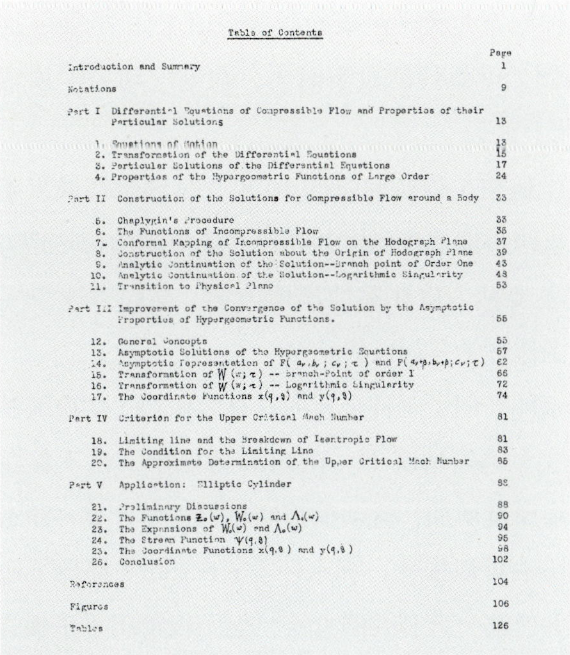

Table of Contents

郭永怀博士论文目录

康奈尔：全新算法 PLK 方法

1946 年，冯 · 卡门的优秀学生西尔斯（William Rees Sears，1912—2002）在康奈尔大学（Cornell University）创建航空工程研究院（Graduate School of Aeronautical Engineering）。由于郭永怀的才能和所取得的出色成就，西尔斯特意聘请郭永怀前去任教并共同主持该研究院的工作。1946 年 10 月，郭永怀来到美国东部纽约市附近的小城伊萨卡（Ithaca，又译作绮色佳），在康奈尔大学担任副教授。

郭永怀自 1940 年 9 月作为中英庚款留学生赴加拿大多伦多大学，到 1956 年 10 月返回中国，前后历时 16 年。这期间，他在加拿大多伦多大学攻读并获得硕士学位，在美国加州理工学院攻读并获得博士学位，继而在美国康奈尔大学从事教学和科研工作 10 年，度过了人生中从普通留学生到大学教授的重要时光，在空气动力学领域取得了非凡成就。

康奈尔大学航空工程研究院的 10 年，是郭永怀成果丰硕的 10 年。他除了继续从事跨声速理论研究并在跨声速流动的稳定性方面取得重要成就外，还把主要精力放在黏性流体力学、高超声速空气动力学研究上，其中许多工作都是开创性的。

其间，郭永怀开创了一种全新的计算方法——“PLK 方法”，发表了多篇学术论文。通常情况下，在 PLK 方法中，由于黏性扩散或压缩性效应使边界层厚度增加，流动偏折明显，需要计算高阶近似。由于没有现成的数学方法可以依循，郭永怀（Y.H.Kuo）提出了边界层问题中消除高阶奇性并使解一直有效的方法。他不仅给出了平板边界层二阶阻力系数和激波边界层黏性干扰的结果，同时也发展了庞加莱（Poincare）

教授的参数摄动法和莱特希尔（Lighthill）教授的坐标摄动法。1956 年，钱学森在《应用力学评论》（*Applied Mechanics Reviews*）撰文，取三人姓氏的第一个字母，将该方法命名为“PLK 方法”。

在以冯·卡门为核心的宇航精英中，共有三位中国学者：钱学森、林家翘、郭永怀。1947 年 2 月 3 日，美国国家航空咨询委员会（NACA）成员合影，三位中国精英在列。

康奈尔大学是美国一所著名大学，其航空工程研究院于 1946 年创立。彼时，研究院规模虽然很小，但精心仿照加州理工学院 GALCIT 的风格打造。主持工作的西尔斯和郭永怀都是冯·卡门的学生，他们带来了 GALCIT 的优良学术传统，使得这里的研究气氛非常浓厚。郭永怀和同事们相处得非常融洽，学术观点也很一致。在多年的共同工作中，他们相互学习、取长补短，在专业学问的广度上得到很大拓宽。郭永怀始终是一个谦逊的人，常常为某些自己不懂的问题而虚心请教。[1] 他回国后能在许多新学科中进行开拓性的指导工作，与他在康奈尔大学的进一步学习与充实有很大关系。航空工程研究院的师生关系亦很密切，每个学期都要举行一两次野餐晚会。大家在公园的草坪上打球、谈天，暂时放下他们头脑中思考的学术难题，带着夫人和孩子们轻松愉快地享受片刻天伦之乐。[2]

郭永怀除继续从事理论研究外，还担任教学与研究生指导工作。他讲授的课有稀薄气体动力学、黏性流体力学和边界层理论。他的讲课内容融合了空气动力学的最新发展并与工程实际密切结合。无论备课还是写讲义，他都十分认真，力求深入浅出。鉴于这些课程的内容

1　汪德昭（中国科学院）访谈记录，1987 年 10 月 22 日。

2　李佩．何去？何从？［J］．神州学人，1987（1）：12.

郭永怀（第二排左三）1947 年 2 月 3 日在兰利研究中心参会合影

尚处于继续发展阶段，所以他格外重视教学方法的运用。他经常安排讨论会，让大家自由发表学术见解。这不仅使学生能透彻地理解已有的成果，还培养了他们勇于探索的精神与能力。通过这样一些锻炼，学生们很快就能参加实际研究工作。

郭永怀在学术上保持着积极态度，在教学、研究和指导研究生的同时，还参加一些学术活动。1947 年 2 月 3 日，他参加了在美国航空咨询委员会兰利实验室举行的空气动力学学术会议。参会的都是国际知名的空气动力学家，其中包括航空咨询委员会主席德莱登、冯・卡门以及中国学者钱学森、林家翘。

在康奈尔大学工作期间，郭永怀指导过多位研究生。中国留学生潘良儒的博士论文就是由郭永怀指导的。1943 年，潘良儒在西南联大获得机械工程学士学位。1948 年赴美国弗吉尼亚州理工学院应用力学和机械系学习，1950 年获工程科学硕士学位。同年，潘良儒获康奈尔大学应用力学系奖学金，攻读博士学位。他的导师是西尔斯，而博士论文由郭永怀指导。1955 年，潘良儒获得博士学位，同年 12 月回到祖国，1956 年到中国科学院力学研究所工作，从事空气动力学边界层、激波管等方面的研究，并在电磁流体力学和等离子体动力学领域取得突出的成果。[1] 他一直在郭永怀的领导下工作。与对待一般青年人的和蔼宽容不同，郭永怀对潘良儒的要求很高，不时会严厉批评他。[2, 3] 有一次，在讨论一个力学问题时，潘良儒提出用级数展开进行计算，郭永怀当即表示，应该先用近似公式看看解的可能性。但潘良儒仍坚持己见。郭永怀

1　潘良儒人物简介 . 谋略学网 . 2021 年 4 月 9 日 . http://www.mouluexue.com/minguorenwu/20210432835.html.

2　李家春（中国科学院力学研究所）访谈记录，1987 年 5 月 16 日。

3　顾淑林（中国科学院科技政策与管理研究所）访谈记录，1987 年 6 月 12 日。

当众说：“算这样无用的问题，还不如去树下凉快凉快！”这件事对在场的年轻人影响很大，大家切实感受到郭永怀对学术问题的敏锐直觉和一丝不苟的态度。[1] 其实，郭永怀经常批评潘良儒并不是因为他的学问做得不好，而是对高级知识分子有更高要求。而对于年轻人，他总是以鼓励为主。

1 邱励俭（中国科学院合肥等离子体研究所）访谈记录，1987 年 6 月 7 日。

第三章 当众焚书稿明志向

新中国成立后，郭永怀内心深处的爱国激情蓬勃而起，怀揣赤子之心，开始筹划回国。他加入了留美中国科技工作者协会，拒绝参与美国机密项目研究，时刻准备回到祖国。为防止美国移民局阻挠，他两次当众烧毁积攒多年的科研资料和手稿。历经波折，他于 1956 年 9 月踏上了回国的邮轮，经罗湖口岸回到祖国。

握手相约择机回国

郭永怀凭借其卓越的学术成就享誉世界。英国的莱特希尔教授和日本的谷一郎教授都盛情邀请他利用聘期休假前去讲学，然而由于美方拒不签证，他的学术行程未能实现。[1]

郭永怀十分怀念自己的祖国。在新中国成立前夕，他加入了留美中国科学工作者协会康奈尔大学分会，还经常把分会的活跃分子邀请到家里，热烈地探讨祖国的命运和未来。郭永怀过去很少参加社交活动，但对于这个分会的活动他却积极参加。

1949 年 10 月 1 日，中华人民共和国成立了。夫人李佩回国探亲后，

1 李佩（郭永怀夫人）访谈记录，1987—1988 年。

向郭永怀讲述了祖国发生的沧桑巨变，这使他万分激动。身居海外的知识分子终于有了报效祖国的机会。但当时中美关系陷入了紧张的局面，他回国的愿望一直未能实现。

1953 年，郭永怀在康奈尔大学工作已满七年，按学校规定可享受半年的休假。由于美国政府不允许他赴英国和日本讲学，应钱学森之邀，他来到加州理工学院边讲授奇异摄动理论，边从事研究。在加州理工学院期间，他完成了《沿高超声速运动平板的黏性流动》这一重要论文。

他和密友钱学森一谈起祖国，就产生了强烈的共鸣。当时，美国政府不准许钱学森回国并限制他的人身自由。钱学森满腔怒火，向多年的知己郭永怀倾诉。其实郭永怀的心情也是一样的，但他克制地劝好友说："不能心急，也许要到 1960 年美国总统选举后，形势才能转化，我们才能回国。"[1] 他们握手相约，一有机会就立即回国。

当众焚烧书稿

1955 年 10 月，钱学森回国了，郭永怀更是归心似箭。在西尔斯为郭永怀举办的送别野餐会上，郭永怀神色决然，当众烧毁自己精心撰写的书稿。

1 钱学森．写在《郭永怀文集》的后面［M］// 郭永怀．郭永怀文集．北京：科学出版社，1982：331–332.

1956 年初夏，康奈尔大学航空工程研究院师生为送别郭永怀夫妇而举行了野餐晚会。晚会上，郭永怀在与同事和学生们讨论一项大家感兴趣的学术问题时，将他执教 10 年积累的一叠厚厚的讲义手稿一页页地投入烤肉的炭火中。这一幕让在场的所有人都陷入了沉默之中。美国同事和学生们都深深惋惜地表示："郭先生，我们希望您改变计划，留下来！"来自中国和其他亚洲国家的同学们非常钦佩地表示："老师，您给我们指明了道路，我们应当回到我们所属的地方去！"来自欧洲的学生们也表示完全理解："先生，以您的学术成就，走到哪里都会做出对人类有益的贡献。"

1955 年 6 月 27 日，郭永怀在康奈尔大学获得正教授职位，这对一个外国人来说是一项相当不易的成就。然而，郭永怀正是为了能够以自己所学为新中国的强盛做出贡献，才毅然决然地放弃了他在美国已获得的优越研究条件和社会地位，决心返回自己的祖国，实现报效祖国这一长久的心愿和抱负。

归期在即令人开心

得知郭永怀即将回国的消息，已于 1955 年 10 月先期回国并受命组建中国科学院力学研究所且担任所长的钱学森欣喜万分。他于 1956 年 2 月 2 日、9 月 11 日给郭永怀写了两封信，邀请郭永怀回国后到中国科学院力学研究所工作。

第一封信是这样写的：

永怀兄：

接到你的信，每次都说归期在即，听了令人开心。

我们现在为力学忙，已经把你的大名向科学院管理处“挂了号”，自然是到力学研究所来，快来，快来！

计算机可以带来，如果要纳税，力学研究所可以代办。电冰箱也可带。北京夏天还是要冰箱，而现在冰块有不够的情形。

老兄回来，还是可以做气动力学工作，我们的需要绝不比您那面差，带书的时候可以估计在内。多带书！这里俄文书多、好，而又价廉，只不过我看不懂，苦极！

请兄多带几个人回来，这里的工作，不论在目标、内容和条件方面都是世界先进水平。这里才是真正科学工作者的乐园！另纸书名，请兄转大理石托他买，我改日再和他通信。

此致

敬礼！

嫂夫人均此！

钱学森　上　二月二日

第二封信是钱学森委托到深圳迎接郭永怀的何祚庥当面转交的。信中写道：

永怀兄：

这封信是请广州的中国科学院办事处面交，算是我们欢迎您一家三众的一点心意！我们本想到深圳去迎接您们（你们）过桥，但看来办不到了，失迎了！我们一年来是生活在最愉快的生活中，每一天都被美好的前景鼓舞，我们想您们（你们）也必定会有一样的经验。今天是足踏祖国土地的头一天，也就是快乐生活的头一天，忘去那黑暗的美国吧！

我个人还更要表示欢迎你，请你到中国科学院的力学研究所来工作，我们已经为你在所里准备好了你的“办公室”，是一间朝南的在二层楼的房间，淡绿色的窗帘，望出去是一排松树。希望你能满意。你的住房也已经准备了，离办公室只五分钟的步行，离我们也很近，算是近邻。

自然我们现在是“统一分配”，老兄必定要填写志愿书，请您只写力学研究所。原因是：中国科学院有研究力学的最好的环境，而且现在力学研究所的任务重大，非您来帮忙不可。我们这里也有好几位青年大学毕业生等您来教导。此外力学研究所也负责讲授在清华大学中办的“工程力学研究班”（是一百多人的班，由全国工科高等学校中的五年级优秀生组成，两年毕业，为力学研究工作的主要人才来源）。由于上述原因，我们拼命欢迎的，请你不要使我们失望。

嫂夫人寄来的书，早已收到，请不必念念。

不多写了，见面详谈。

即此再致

欢迎！

钱学森　1956 年 9 月 11 日

钱学森的这两封信充分表达了他对郭永怀的浓厚情感以及急切盼望其回国的心情。

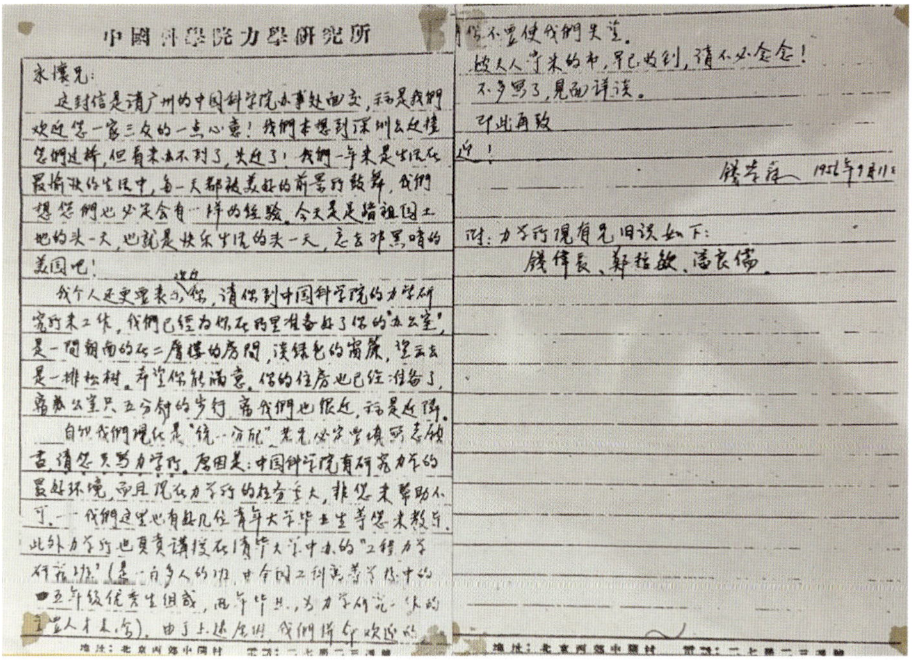

中國科學院力學研究所

永懷兄：

这封信是请广州的中国科学院办事处面交，表示我們欢迎您一家三口的一点心意！我們本想到深圳去迎接您們，但看来办不到了，失迎了！我們一年来是生活在最愉快的生活中，每一天都被美好的前景所鼓舞，我們想您們也必定会有一样的经验。今天是您踏進国土的头一天，也就是快乐生活的头一天，忘去那黑暗的美国吧！

我个人还要表示欢迎你，请你到中国科学院的力学研究所来工作，我們已經为你在所里准备好了你的"办公室"，是一間朝南的在二層樓的房間，淡绿色的窗簾，望出去是一排松樹。希望你能满意。你的住房也已經准备了，离办公室只五分鐘的步行，离我們也很近，可說是近隣。

自然我們現在是"统一分配"，老兄必定要填志願書，請您填力学所。原因是：中国科学院有研究力学的最好环境，而且現在力学所的任务重大，非您来帮助不可。——我們这里也有好几位青年大学毕业生等您来教导。此外力学所也負責讲授在清华大学中办的"工程力学研究班"（是一百多人的班，由全国工科高等学校中的四五年级优秀生组成，两年毕业，为力学研究工作的重要人才来源）。由于上述原因，我們特别欢迎你！你不要使我們失望。

嫂夫人寄来的书，早已收到，請不必念念！

不多写了，見面详谈。

即此再致

欢迎！

錢学森　1956年9月11日

附：力学所現有兄旧识如下：

錢偉長、鄭哲敏、潘良儒。

地址：北京西郊中關村

钱学森写给郭永怀的信件（1956 年 9 月）复印件

第二篇

科技报国　功勋卓越

我回国就是给国家培养人才，为国内的科技事业打基础，做铺路人。

酝酿经年、朝思暮想的归国大计，终于成行。新中国成立后展现出的勃勃生机和巨大变化，让郭永怀印象深刻，干一番事业的激情更加难以抑制。执着学成归来报效国家，源于朴素的忠孝家学滋养和家国情怀传承。在科技报国、共同建设美丽山河的理念下，郭永怀不仅是一线科学家和学者，更是战略科学家和科研组织者。他开拓了应用力学新领域，扩宽了力学研究领域，研究领域横跨核弹、导弹、人造卫星三大领域；他规划教学体系，甘当铺路石子，言传身教，为国家培养了大批科技人才，在我国力学事业发展和国防建设上书写了浓墨重彩的篇章。

第一章 “是我们干一番事业的时候了”

新中国诞生前夕，郭永怀在康奈尔大学参加了中国留学生的进步组织——留美中国科学工作者协会。每逢协会集会，大家谈论得最多的还是中国的前途和命运。当然，还有一个非常秘密的话题，那就是通过什么途径，在什么样的时机，把他们学到的科学知识贡献给自己的祖国。留学生们在焦灼中等待着。

时机终于来了！1955 年 8 月，朝鲜停战协定签订后，日内瓦中美大使级会谈开始。经过中国政府的努力，不久美国政府就取消了中国学者出境的禁令。在此之前，周培源、钱伟长等人已在 1947 年绕道欧洲回国。钱学森也在 1955 年回到祖国。郭永怀的妻子李佩教授说：“禁令一旦取消，老郭就坐不住了，整天和我盘算着回国的事。美国的许多朋友，包括已经加入美籍的华人朋友劝他，‘康奈尔大学教授的职位很不错了，孩子将来在美国也可以受到更好的教育，为什么总是挂记着那个贫穷的家园呢？’不劝倒罢，劝的人越多老郭越来火，他说，‘家穷国贫，只能说明当儿子的无能！’”

1956 年 9 月，郭永怀、李佩和郭芹一家三口告别了纽约伊萨卡，向西进发，到加州理工学院停留了几天。之后，在洛杉矶港口登上了开往香港的“克利夫兰总统号”轮船。在此之前，日本东京大学的谷一郎教授听说郭永怀要回国，便写信邀请他在轮船经过日本时，到东京大学讲学一段时间。由于当时中日尚未建交，不能多作停留，但鉴于谷一

郭永怀、李佩、郭芹一家合影

郎教授的盛情，郭永怀决定趁停船的当口，在东京停留一天。当船抵达日本时，郭永怀一行由谷一郎教授亲自迎接来到东京大学。当天上午，郭永怀为该校做了一个学术演讲，下午由谷一郎陪同游览了东京市容，当晚便又登上了轮船。[1]

从洛杉矶出发，经过3个星期的航程，9月30日他们经香港从九龙乘火车出发，经罗湖到广州。钱学森本来计划要到深圳罗湖口岸去迎接他们，后来因为有事而未能成行，于是委托何祚庥等人前来迎接。在广州稍作停留，他们便又一路北上回到了北京——郭永怀终于回到了祖国的怀抱。[2]

郭永怀侄女郭淑娥回忆说，1956年，国家向叔父发出了邀请，此时叔父已经是康奈尔大学的教授，在学术上已经享誉世界，并且在美国有着丰厚的生活待遇，居住在独栋三层带地下室的别墅中，拥有一辆私人轿车，生活条件可谓相当优越。但他毅然决然抛弃了这一切，烧毁书稿，携婶子和妹妹历尽艰难险阻，义无反顾地回到了祖国，投身到国家的航天航空和国防事业中，呕心沥血，赤胆忠心，鞠躬尽瘁，将生命献给了祖国。

如郭淑娥所说，郭永怀一家三口在康奈尔大学任教期间生活条件优越，可从当时在美期间拍摄的照片中得到印证。从留存至今的珍贵照片来看，住别墅、乘游艇，都是这三口之家的日常。然而，在家国情怀的驱动下，郭永怀最终放弃了优渥的生活，回到了新中国成立之初物质条件非常有限的祖国。

1956年10月，郭永怀回到了阔别16年的祖国。踏上新中国的土

1 李佩（郭永怀夫人）访谈记录，1987—1988年。

2 李波．钱学森与郭永怀的兄弟情［N］．人民政协报，2023-03-16（11）．

郭永怀一家三口

地后，郭永怀立刻感受到了新中国成立七年来的勃勃生机和巨大变化，这使他激动不已。当见到多年未见的知己钱学森时，素来沉静的郭永怀再也按捺不住内心的喜悦。他兴奋地说：“想不到新中国成立七年就发生了这么大的变化，是我们干一番事业的时候了。”[1]

忠孝二字传家国

穿过郭永怀故居庭院，走进正厅，北面正中的墙上悬挂着郭氏族谱，两边对联上书写着郭氏家训“忠孝二字传家国，诗书万卷教子孙”。

故居里，郭永怀直接留下的印迹并不多，但有一张手书文字，其内容与郭氏家训相得益彰。在这封手书中，郭永怀写道：“在中国的土地上，外国人何以能如此自由，而中国人自己反而没有自由呢？”

手书写作的时间，是1926年郭永怀离开家乡，进入青岛大学附属中学读书之后。当时政府软弱，洋人在青岛飞扬跋扈、为所欲为。此时的郭永怀对中国人民所受的帝国主义压迫已经有了深刻、具体的认识，一颗科技强国的种子已在他心中萌生发芽。后来，他曾在自传中写道：“在上小学时也学了点现代历史，知道清朝腐败无能，受到帝国主义的侵略与压迫，但总是不深刻。到了青岛，这些事成为亲眼所见了，青岛作为中国的一个城市而日寇军舰、海军陆战队来去自由。在中国的土地上，外国人何以能如此自由，而中国人自己反而没有自由呢？”

1　李家春，戴世强．郭永怀传略［J］．中国科技史料，1985（1）：42-51.

忠孝家学滋养，家国情怀传承，成为郭永怀一生的真实写照。他毕生追求科技报国，将全部心血和精力投入到祖国的科研事业和人才培养上。

郭淑娥出生时，郭永怀正在北京大学物理系读书。在她两岁时，郭永怀曾回到威海短暂任教一段时间。那时年幼的她，对这位叔父还没有清晰的印象，而郭永怀给家人的书信，成为她了解叔父的直接渠道。

“16 年间，我为家人读过很多他的来信，从中了解到他的为人，看到一颗有着家国情怀的赤子之心”。郭淑娥在《遥远的思念》一文中回忆道，自己对其中的一封信有着很深的印象。信中这样写道：“我虽然身在国外，但心早已飞回祖国。我时时刻刻都惦念着家乡、思念着祖国，那里是我的根。我常想，我是一个中国人，为什么不把自己的所知所学用于建设自己的国家呢？现在条件还不成熟，但早晚有一天我会回到祖国，为国家效劳。”

回国后的冬天，郭永怀回到了阔别近二十年的故土探亲。房舍依旧，但双亲已逝，小辈们也长大成人。已经成为小学教师的郭淑娥，得以与叔父相处六天。她回忆说，叔父在听到父亲告知这一切的时候，顿时泪如泉涌，他愧疚地说：“这么多年漂泊在外，对父母没有什么报答，现在儿子终于回来了，本想尽点孝心，可二老却离我们而去了，我实在是愧对父母的养育之恩啊。”

得知自己的侄女并不喜欢教师这份工作后，郭永怀对她不断开导、鼓励：“小学教育是奠定人生基础的重要一环，非常重要。少年强则国强，你的工作很有意义。国家的强盛需要大批有知识有文化的人才来建设，只有国强，我们在世界上才不会被歧视被欺负，你肩上的担子很重啊，咱们应共同努力。”

郭永怀故居

共同建设我们美丽的山河

这几年来，我国在共产党的领导下所取得的辉煌成就，连我们的敌人，也不能不承认。在这样一个千载难逢的时代，我自认为，我作为一个中国人，有责任回到祖国，和人民一道，共同建设我们美丽的山河。

——郭永怀

1956年回国后，看到全国人民在党的领导下，实现了历史上前所未有过的大团结，国家建设蓬勃开展，中国人民真正站起来了。这是我万分高兴的。

——郭永怀

1957年，《光明日报》刊登了郭永怀的文章《我为什么回到祖国——写给还留在美国的同学和朋友们》。当时，回国后的郭永怀，已任中国科学院数学物理化学部委员。这篇文章是他发表的除学术文章之外为数不多的公开文章。文中，郭永怀袒露心迹，现部分摘录如下：

我是在对日抗战的初年，因为自感救国无门，带着惭愧的心情跑到了国外。从那时起到去年归国时止，在加拿大和美国共住了十六年，其中在美国一共是十五年。在美国这十五年里，前五年是读书和研究，后十年加入战后康奈尔大学新成立的航空研究院工作。在这十年里，一面学习，一面教学，从外表看来，尤其是在美国人眼里，我在事实和精神上，已被认为是康奈尔大学的一部分。所以去年在我刚辞去学校里的职务时，许多朋友都觉得很奇怪，为什么我放弃这样一个悠闲自得的学术生活，重新走上这样一个“渺茫”的前途呢？

我的回答很简单：

第一，美国是一个工业先进的国家，也是一个多民族的国家，统治阶级为了模糊阶级间的界限，就把全国公民按种族分为很多等级。因为这个原因，种族间互相歧视排挤就很厉害。黑人的社会地位固然很低，我们中国人在那里的社会地位也很可怜。在一般人的眼里，中国人只配给别人洗洗衣服和烧烧饭。因为有这样的歧视，一般中国人的谋生之路，大都只限于中国城，而中国城是有限的，它的唯一出路，是保持又脏又乱和不三不四的“东方风味”，以供游客“开心赏目”。

凡在美国居住又有入学年龄儿女的父母，都难免感到遭受歧视的痛苦。小孩是天真的，社会有这样的病，他们当然就很真实地反映出来。欺凌、侮辱必然在小孩们的心灵上留下一个创伤的烙印。美国的一个著名音乐家罗伯逊，为了避免遭受这样的责罚，就把他的儿子送到苏联接受教育，后来非美委员会审问他的时候，问他为什么把儿子送到苏联上学？他的回答是，他要他的儿子在一个有自尊心的环境里成长。我是一个有女儿的中年人，离开美国也是为了这个原因。不但如此，只有在一个合理的社会里，青年们才能自由发展，才有自由择业的机会。

第二，我在美国十五年，耳濡目染，对美国社会和政治有了相当的认识。口头上他们说他们有法律，有自由，其实这是骗人的。美国共和党为了获得 1952 年大选的胜利，它的后台老板们就不惜血本，把一个毫无道义的参议员麦卡锡捧出来，他一个人胡作非为，违法乱纪，摧残人权。在这个潮流最盛的时候，真不知有多少无辜的人被陷害。这就证明，他们所谓的法律是多么空洞，他们所高唱的自由又是多么脆弱！

在这样一个不公平不合理的社会，我们有良心的人可以心平气和地生活下去吗？在异国居留，不管住多久，总是作客，在政治上和社会上的一切活动，我们都不起作用。相反的，我们祖国的今日，已非昔日可比，在共产党领导之下，不到七年就把一个古老大国变成一个伟大的新的社会主义制度的国家，我们取消了剥削制度，改变了半殖民地的地位，保障了国家的安全和人民的一切权利。追求自由的人们，在这样的局面之下，选择是很明显的。

第三，我没有出国以前，也和当时的许多人一样，认为美国政府对我们是友好的，给我们很多援助。后来到了美国，才逐渐了解到他们对中国友好的对象，不是中国的广大群众，而是为他们服务的少数人。在第二次世界大战期间，他们天天嚷着帮助中国，但是一提到真正帮助中国人民的时候就立刻遭到那些在美国统治阶层中的有势力的人的反对。我记得，有一次，美国政府声称要考虑协助国民党政府修建扬子江水坝，事实上只是说说而已，同现在的对埃及的阿斯旺水坝一样，可是消息一传出来，马上就是一片反对之声。

自从 1949 年人民政府建立以来，买办阶级和帝国主义的工具被驱逐出中国大陆，广大的人民就真正地抬起了头，有了办法，有了保障，这个保障便是中国共产党。这几年来，我国在共产党的领导下所取得的辉煌成绩，连我们的敌人，也不能不承认。在这样一个千载难逢的时代，我自认为，我作为一个中国人，有责任回到祖国，和人民一道，共同建设我们美丽的山河。

1955 年 8 月，日内瓦中美大使会谈开始，由于我们外交的胜利，接着美国就把禁止中国学生出境的禁令取消了。我就在那个时候作出返国的决定。到了 1956 年 8 月，我们全家离开了伊萨卡，经美国的西岸候船西渡。在离开伊萨卡之前，我得到不少美国朋友的鼓励和同情。他们觉得我走了，虽然会给康奈尔大学短期内（带来）一些不便，但是因为我走了，他们更能了解，更能接近新中国。青年们也来恭维我们，说我们回到祖国去，是过去而在目前已经死去了的美国精神的表现。他们觉得，虽然对中国的一切很隔阂，但是从今以后，通过许多我国留美科学家的回国，会使他们更多地知道中国的实际情况。我可以说，尽管美国政府以高压的手段，来限制美国人民与中国人民来往，但是一般的美国人民，对我们仍然保持着友好的态度，由于人民的强烈要求，这种强制政策一定会失败的。

上船以后，我们遇到了十几位志同道合的朋友，每日交谈，3 个礼拜的海上生活，很愉快地过去了。在九龙车站，我们初次接触到代表新中国服务精神的香港中国旅行社。到深圳时，碰到科学院派来接待我们的两位同志，中国旅行社的工作人员、海关工作人员以及在车站上的工作人员，他们谦虚和蔼的态度和工作效率，使我们深深体会到先我们回国的朋友们对他们的赞扬，不是为了敷衍，而是实实在在的，从心里说出来的。

去年 10 月，我们抵达了阔别 19 年的首都。我们到的时候已是深夜，但多年不见的师长和朋友们都来热情地迎接我们，使我们非常感动。我过去在北大读过书，这次来可以说是旧地重游。我对老北京的印象早已很模糊，我只能从新的建筑来辨别解放以来的改变。一般地说，城内的变化较小，城外的变化大。城内每一角落都在变化，一个突出的改变则是横贯天安门的东西长安街。在过去，天安门也是北京最宽广的地方，但是绝不能和扩建后的新天安门广场相比。御河前边狭小的街道拓宽了，旧日的一垣短墙拆除了，从天安门南望是一片空旷的景象，眼前耸立着英雄纪念碑和前门，真有雄伟壮丽之感。

城外的面貌更是焕然一新。我记得，旧日出了阜成门迎面而来的是几处小村落，现在是高楼大厦。大体说来，出西直门向南，和出西长安街尽头的复兴门向北，这一大片郊外地区，是正在兴建的新市区。在城西北方面，沿着去颐和园的两条公路，就是将来的文化区、高等学校和中国科学院，就在这个地区发展。城东方面是工厂区。

我在国外的时候，已听说“百家争鸣”和“百花齐放”的政策。我当时对于这个具有重大意义的政策，虽然知道它是正确的，但是不能体会到它的重要性和它对于学术和文化艺术的深远影响。回国后几个月来，我自己读读报纸和杂志，再听听各方面的意见，就渐渐认识到它的重要性，和推行这个政策的党和政府的英明。

……

在美国有不少的朋友是学社会科学的，他们总觉得他们和学自然科学的人不同，觉得回来后对国家无所贡献。其实这是不对的。一年以来，通过看看报纸就能很清楚地了解到国内学术在各方面的活跃现象。过去我当学生时代的前辈如冯友兰、陈达、吴景超、费孝通等诸位先生，在报上不是常常发表意见吗？我们的国家大，问题多，要是有一技之长，都有用武的余地……

郭永怀在九院工作时的同事何祚庥在《我所知道的郭永怀先生的两大贡献》一文中回忆道，1951年从清华大学毕业后，他被分配到中央宣传部工作，不久，与李佩的妹妹李佩珊成为同事。初识郭永怀时，是在1956年9月，当时他接到中央宣传部交给他的一项意外的任务，要协助中国科学院到深圳罗湖口岸迎接即将同船回国的张文裕、王承书一家和郭永怀、李佩一家。“因为张文裕、王承书和郭永怀都是国外知名科学家，当然由中国科学院负责接待工作。但是，由于张文裕、王承书是我的表姐夫和表姐，所以中国科学院又找到中宣部，让我去罗湖桥头，代表新中国欢迎他们四位学者回国参加工作”。

去深圳时，何祚庥带了王承书的照片、李佩珊提供的李佩照片，以便到罗湖桥头现场相互确认。当时，何祚庥还随身带着三封信，其中一封是时任力学研究所所长钱学森写给郭永怀的，大意是对不能亲自去罗湖迎接表示歉意，并再次邀请他到力学研究所工作。何祚庥认为，郭永怀与李佩在1956年联袂回国，显然受到钱学森的影响。因为郭永怀与钱学森曾在加州理工学院共同投身于开拓流体力学的研究，而钱学森在1955年回国并担任中国科学院力学研究所所长。

郭永怀等四人到达罗湖口岸的时间已是9月底，“我记得很清楚，我们是在广州，由广州市政府外事处招待我们共同过的国庆节。”当时张文裕和郭永怀两家各带一个孩子，两个孩子均十分顽皮。何祚庥接到两家人后，陪两家人一起在广州住下来，休整了两三天，其间还参观了广州的市容市貌。因为何祚庥和王承书有亲戚关系，李佩珊又是他的同事，大家都不觉得陌生，交谈甚欢，没有隔膜。随后，一行数人就乘火车北上进京了。

第二章　开拓应用力学新领域谱新章

1957 年，郭永怀当选为中国科学院学部委员（院士）。1958 年 3 月 13 日，中国科学院正式发文任命郭永怀为力学研究所副所长。此后，他长期主持力学研究所工作，和钱学森一起制定了力学学科的发展规划，倡导在国内开展高超声速空气动力学、电磁流体力学、爆炸力学的研究，拓展了力学的服务领域。郭永怀与周培源、钱学森、钱伟长一起，被公认为中国近代力学事业的四位奠基人。

郭永怀是杰出的空气动力学家，他在 20 世纪 50—60 年代空气动力学的重要前沿领域都取得了重要成就。郭永怀的挚友钱学森先生对郭永怀的贡献给予了高度评价："郭永怀同志是真正的应用力学事业的继承者，是国际著名力学大师冯·卡门的优秀学生。他在高速空气动力学理论方面的创造性工作受到了国际的普遍重视与公认。特别是关于物体绕流中是否存在连续的跨声速流动解以及关于激波与边界层的相互作用这两个成功的研究工作，曾对飞机速度突破'声障'以及提高超声速飞行速度做出了贡献。"

郭永怀 1956 年回国后，他的角色发生了很大变化：从一线科学家和学者转变为战略科学家和科研组织者。但他始终关注国际空气动力学发展的最新动向，并以此为依据谋划和开拓中国科学院力学研究所的研究新领域。他还对 20 世纪上半叶国际空气动力学的发展进行了精辟概括和总结，1957 年发表在《科学通报》第 10 期上的《现代空气动力学的问题》一文就体现了他对现代空气动力学发展现状与趋势的深刻思考。

1958—1960 年，是中国科学院力学研究所大发展的辉煌时期，钱学森与郭永怀这两位搭档为力学研究所的创建、壮大与发展做出了巨大贡献，取得了非凡成就。钱学森后来回忆力学研究所的工作时，曾感慨道："郭永怀同志归国后，奋力工作，是中国科学院力学研究所的主要学术领导人；他做的比我要多得多。"

开拓我国力学事业

新中国成立初期，我国的力学学科极其落后。旧中国只留存了一支规模较小的理论队伍和少量陈旧不堪的仪器设备。并且在当时的中国，力学专业在很大程度上还从属于物理学范畴，这与国际上力学科学的蓬勃发展情况极不相称。1956 年，我国开始制定《1956—1967 年科学技术发展远景规划》(简称"十二年科技规划")，郭永怀回国后即投身到这一规划的制定中。他担任科技规划力学专业组副组长，和著名科学家周培源、钱学森、钱伟长、沈元等一道，规划了我国高等院校力学专业的设置。[1] 他和力学界专家们精心筹划，认真研究了近代力学的发展动向，开拓了一系列具有重要意义的新领域，制定出学科的近期发展规划和远期奋斗目标，使我国力学学科的整体面貌大为改观。

1　李家春，戴世强．郭永怀［M］// 中国科学家传记辞典·现代第一分册．济南：山东科学技术出版社，1982：346.

中国科学院专门制定了包括数学、力学、天文学、物理学、化学、生物学、地质学、地理学 8 个学科的《基础科学学科规划》，作为"十二年科技规划"的附件之一。当时，负责力学学科规划的力学组，由钱学森担任组长、钱伟长担任副组长。

力学规划制定之时，我国力学人才在质与量上都非常薄弱。据 1955 年底高教部的统计，全国高校共有理论力学、材料力学等方面的教师 758 人，其中教授 65 人、副教授 44 人、讲师 192 人、助教 457 人。专业的力学教育机构，只有 1952 年成立的北京大学力学专业。这样的人才状况显然不能满足科学规划所提出的任务要求，以及对力学专业人才的庞大需求。为此，力学规划提出：到 1962 年要培养大学毕业生 1 670 人、副博士 445 人，到 1967 年要培养大学毕业生 6 500 人、副博士 1 258 人。

"十二年科技规划"和中国力学学科规划制定之初，郭永怀尚未回国。1956 年 11 月，郭永怀回到北京后，立即投入到"十二年科技规划"任务中。1956 年冬的一天，怀仁堂灯火辉煌，这里聚集着我国科技界的精英和参与科技规划制定的科学家代表，郭永怀也参加了这次盛会。当周总理来到他们中间时，人们蜂拥而上，围住了周总理，场面一片欢声笑语。向来不习惯在这种场合下争先的郭永怀站在人群后面，细心聆听着周总理的话语。听到总理所描绘的祖国现代化的宏图和对他们寄予的希望时，他觉得浑身充满了力量。钱学森主动向周总理介绍了郭永怀，周总理亲切地询问了他的情况，并让他先到各个部门看看，了解一下情况。郭永怀激动得不知说什么才好，只是迸出了一句："我想到的是尽快投入工作……"[1]

1　李家春，戴世强．郭永怀传略［J］．中国科技史料，1985（1）：42–51.

1956年底，郭永怀正式开始参与制定和完善“十二年科技规划”，并被任命为力学专业组的副组长。他和力学界的其他专家一起审时度势，分析当时国际上力学研究的动向，并根据我国实际情况，制定学科近期发展规划和远期奋斗目标，确定高等学校力学专业的课程设置，为我国随后若干年的发展方向确定方针大计。规划的实施使我国的力学研究从解放初期只有少量理论工作的状况发展到能够通过现场测试、大型实验、数值模拟和理论分析等多种手段进行重大项目研究的现代化阶段。[1]

新中国成立之前，中国没有专设的力学研究机构，力学研究基础十分薄弱。当时国内科学界一般认为，力学属于物理学的一部分。在1951—1952年的院系大调整中，无论是已有大学还是新组建的大学，几乎都未设立力学专业，只有北京大学设立了数学力学系，相当于把力学归结为数学的组成部分。中国科学院力学研究所的建立，与钱伟长和钱学森两位力学大师有直接关系，而钱伟长是开创者。1950年6月7日，中国科学院数学所筹备处成立。1952年7月1日，筹备处撤销，数学研究所正式成立。当时，参加数学所筹备的科学家有不少是力学专家，如周培源、钱伟长、胡海昌、林鸿荪等。1953年，第一个五年计划开始实施，中国科学院的各项研究工作开始有计划地进行，研究工作开始走向正轨，并逐步发展起来。根据国家需要，一些部门从无到有地建立起来，数学研究所在当年正式设立力学研究室，同年12月12日，郭沫若院长聘请钱伟长为力学研究室主任，成员共5人。

1 郑哲敏．郭永怀生平事迹介绍［M］// 郑哲敏．郭永怀先生诞辰九十周年纪念文集．北京：气象出版社，1999：1–9.

1955 年 9 月 17 日，钱学森从美国启程回国，并于 10 月 28 日到达北京。11 月中旬，中国科学院决定以数学研究所的力学研究室为基础建立力学研究所，钱学森任所长，郭永怀任副所长。

1956 年 1 月 7 日，中国科学院拟文呈报国务院，提出关于成立力学研究所的报告。1 月 16 日，主管科教工作的陈毅副总理亲笔批复了中国科学院呈报国务院的报告，中国科学院力学研究所正式成立。[1,2]

力学研究所成立后，钱学森更加急切地盼着郭永怀回国与他一起工作，而且还将郭永怀即将归来的消息告知了郑哲敏等人。在郭永怀一家乘坐火车抵达北京的那天，钱学森因临时有事抽不开身，便委派郑哲敏前往北京站迎接。郑哲敏接到郭永怀一家后，安排郭永怀夫妇和女儿郭芹住进了北京饭店。[3]

郭永怀如期回国来到力学研究所后，钱学森和郭永怀分工协作，一人抓规划，一人抓落实；钱学森是大刀阔斧，非常果断；郭永怀则极为细致、周到。他们互补互辅、契合无间，后来科学界艳羡地称他们为“冯·卡门学派兄弟搭档”。[4] 郭永怀的到来明显增强了力学研究所的领导力量，分担了钱学森的许多工作，明显加速了力学研究所的建设与发展。

在力学研究所，郭永怀不仅和钱学森一起筹划和领导力学研究所的各项工作，而且承担了许多难免枯燥的组织工作和具体事务，其中包括科研业务、图书馆、学会和学报等多个部门的相关工作。钱学森和郭

1　洪友士．力学研究所五十年［J］．力学进展，2006（1）：1-6.

2　杨丫男．中国科学院力学研究所的建立与初期研究工作（1956—1966 年）［D］．合肥：中国科学技术大学，2009：6-7.

3　郑哲敏．郭永怀先生的精神永存［J］．力学与实践，2009，31：96-97.

4　石磊，王春河，张宏显，等．钱学森的航天岁月［M］．北京：中国宇航出版社，2013：143.

永怀会定期或不定期地听取研究室主任，有时甚至是研究组组长的工作汇报，了解研究工作进展情况和存在问题，并及时给予指导。在此过程中，有时还会做出调整乃至改变研究方向的决定。后来，钱学森因为在国防部五院（即导弹研究院）的工作日益繁忙，前往力学研究所的时间日益减少，以致最后把组织关系也迁出了力学研究所，如此一来，力学研究所的重担便全都落到了郭永怀一人身上。[1]

初到力学研究所时，郭永怀的职务是学术秘书，不久改任副所长。郭永怀很快进入工作状态，协助钱学森整顿力学研究所的秩序，着手制定各项规章制度。例如，郭永怀把力学研究所图书馆每月增订外文期刊的工作统一抓了起来，改变了过去任何高级研究人员随意订阅的混乱做法，避免了许多不必要的重复和浪费。郭永怀直接抓图书馆的工作后不久，力学研究所图书馆便成为中国科学院最好的图书馆之一。又如，1957 年全国第一届力学大会之后，决定创办《力学学报》，郭永怀承担了繁重的主编任务，为《力学学报》的发展奠定了高起点。他调来当时在力学研究所工作、毕业于北京大学数学力学系的研究生董务民担任责任编辑，两人共同为《力学学报》的征稿、审稿、定稿确立了一整套严谨规范的规则。在郭永怀的领导下，《力学学报》越办越好，成为我国最好的学术期刊之一，在读者中也赢得了极高的声誉。[2] 经过半个多世纪的风雨变迁，郭永怀对《力学学报》的影响至今犹在。

1　乔均录．为祖国尽忠心[M]//李家春．高山仰止 大爱无疆：我们心目中的郭永怀和李佩先生．北京：科学出版社，2013：29−35．

2　林同骥（中国科学院力学研究所）访谈记录，1987 年 6 月 19 日。

拓宽力学研究领域

郭永怀以他敏锐的学术洞察力，与钱学森一道为力学研究所开拓了一些重要的前沿领域。为满足国防建设的需求和开拓空气动力学新领域，力学研究所组建了超高速空气动力学研究室（十一室），随后该研究室的研究人员数量得以迅速扩充。郭永怀和其他所领导以及高级研究人员详细讨论了超高速空气动力学研究的方向和目标，并精心设置了7个专门的研究组。这些研究组的研究方向各有侧重，有中长期的，也有短期的，包括基础性、理论性研究，也包括实验性研究和工程服务性研究。这个总体研究布局充分体现了他们的雄心和胆略。郭永怀还直接对激波管和激波风洞实验研究组、湍流边界层研究组予以指导，并且对其他研究组的工作也给予了极大关注，提供了诸多具体且针对性强的指导意见。[1]

郭永怀在力学研究所任副所长期间，引领开拓了多个应用力学新领域。其中，由他亲自领导和指导的新领域包括高超声速空气动力学、激波管和激波风洞、爆炸力学以及磁流体力学等。

一、开拓高超声速研究领域

20世纪50年代，我国大力发展火箭与航天事业，也促进了高超声速空气动力学的发展。“高超声速”是钱学森早年研究高超声速相似律时提出的概念。他把来流马赫数大于5的流动称为高超声速流。郭永怀

1 张德华，等．中国科学院力学研究所空气动力学研究简史（内部资料）［Z］．中国科学院力学研究所，1986：5.

在康奈尔大学工作期间，就抓住了这个新生事物和研究领域，开展了大量研究，发表了《沿高速运动平板的黏性流动》《楔的高超声速可压缩黏性绕流》《高超声速黏性流动中的解离效应》等多篇高水平、开创性的论文。为了使人们更加注意飞行器周围空气经过强烈压缩后的高温环境中的物理、化学现象，郭永怀把分子振动、离解和化学反应对流场有重大影响的流动称为高超声速流，并认为必须着重研究这种流动。日后的发展证实了这种认识的正确性。他所提出的超高速气体动力学的名词和概念，如今已在国内得到了广泛应用。

为了在国内尽快将这一重要领域的研究工作铺开，1961 年，郭永怀把北京地区的许多老、中、青空气动力学工作者组织起来，成立了高超声速讨论班。讨论内容瞄准高超声速空气动力学理论发展与工程实际的最前沿。讨论班每周一次的例会，郭永怀总是亲临指导，风雨无阻。他与大家共同分享学术动向、国外研究进展，讨论尚不成熟的理论见解。讨论班的学术气氛活跃，每个人都获益匪浅。

在讨论班上，郭永怀提出了许多有重要实际意义的精湛见解。早在 1963 年，他就指出，对于钝锥体绕流，在一定情况下，后身流场中可能产生“悬挂”激波。他通过理论分析阐明了这个问题，给出了二次激波的条件。[1] 1964 年，他注意到带灰尘粒子的高超声速流动问题，比国外早几年提出开展“云粒子侵蚀”效应研究工作的设想。当时他解释说：“我总觉得弹头穿过核爆区，灰尘粒子会有影响。”在他的指导下，他的学生开始研究含灰尘气体穿过激波的运动。以后的发展证实，“云粒子侵蚀”问题已成为实现“高超声速再入”相当重要的课题，这充分说明了郭永怀的远见卓识。

1　张涵信（中国气动力研究与发展中心）访谈记录，1987 年 7 月 21 日。

郭永怀曾利用激波层理论给出了钝锥体声速线以前区域的计算，得出较为满意的结果。在他的指导下，他的研究生进行了高超声速流场的理论分析。由于高超声速绕流会在钝体后身的表面附近形成熵层（即低密度、高熵的区域），郭永怀提出了熵层分析的方法，通过该方法成功获得了令人满意的压力分布和其他物理量的分布情况，并且解释了压力过度膨胀和回升现象。此外，郭永怀还对钝体高超声速绕流的最大熵值线问题、高温气体效应问题以及钝体绕流的激波形状研究工作，进行了超前的研究与部署，使力学研究所在这些方面的研究中取得了不少成果。

在高超声速领域，飞行器周围空气会因强烈压缩和摩擦作用，产生几千摄氏度的高温，如此高温环境下，采用普通材料制成的飞行器必然会被烧毁，这就是所谓的“热障”难题。“热障”同“声障”一样，是该领域必须克服和解决的关键问题。郭永怀早在 1961 年“星际航行座谈会”上就专门探讨过烧蚀和烧蚀材料等问题。他在倡导国内开展烧蚀机理研究的同时，还指出必须大力开展烧蚀的实验研究。在当时国际上技术极端保密的情况下，国内只能因陋就简进行探索工作。20 世纪 60 年代初，力学研究所进行了上百次大型实验。即便在以后的内乱年月里，力学研究所和有关单位的科技人员依旧按照郭永怀的想法，继续对高温烧蚀现象进行实验和理论研究。在极其困难的条件下，他们摸索出有效的防热途径。返回式卫星和洲际导弹的试验成功，标志着我国在突破“热障”方面取得了成功，而这其中无疑凝聚着郭永怀的诸多心血和贡献。

郭永怀倡导并组织的高超声速讨论班，进行了一系列探索性工作，取得了许多前沿领域的重大成果。这些成果不断地推广应用到工程实践中，为发展我国的导弹、航天事业做出了贡献。正是凭借郭永怀等人卓越的组织才能与悉心的指导工作，这个讨论班在当时达到了世界先进水平。

二、领导激波管和激波风洞研制

郭永怀在国外的科学研究生涯中，主要从事理论分析研究。但回国后，他还非常重视和强调实验研究，并提出许多独到的见解。他认为科学研究有两种手段，即理论研究和实验研究。理论研究和实验研究具有同等重要的地位，不能偏袒任何一方，也不能把实验单单看作试验或验证。为了开展高超声速空气动力学实验研究，郭永怀始终如一地大抓高超声速实验设备的筹建工作。为了在条件极为艰难的情况下开展实验研究，他提出了符合我国国情的设想和建议。他认为搞实验研究要符合我国的国情，决不能贪大求洋。他说："就像高能物理研究那样，我们不能搞昂贵的大型高能加速器，但可以用小型设备来观测宇宙线；我们搞气动研究，不能一上来就搞大型风洞，而搞激波管、激波风洞却是力所能及的捷径。"[1] 他曾多次强调，要少花钱，用简单的设备做高水平的研究。事实证明，郭永怀的这一思想是很有见地并符合国情的。

郭永怀回国前在康奈尔大学航空工程研究院任职长达 10 年。这里曾是国际激波管研究中心，因此他熟悉激波管的性能及其用途，了解激波管具有结构简单、造价低、实验时间短，因而耗能少等特性。在超高速流领域，激波管是唯一的固定模型试验设备，能产生的试验气流速度高达 15 km/s。郭永怀认为："这一方面的技术当下正处于发展阶段，前途是无限的。"他回国时，带回了同事亚伯拉罕·赫茨伯格（Abraham

1　李家春，戴世强．郭永怀传［J］．编务通讯，1985（5）：10.

Hertzberg）和康托罗维茨等专家发明的激波管技术的相关材料。郭永怀十分重视高超声速流的实验研究，他提出以短时脉冲型的激波管和激波风洞代替大型风洞进行实验研究的想法，为力学研究所高超声速实验装置的建设与发展设计了一条成功的道路。[1] 从 1957 年夏天开始，他让力学研究所的俞鸿儒阅读这些资料。1958 年初，力学研究所刚搬入新建的大楼，郭永怀便在所里成立了激波管组（后演变为研究室）。该组由俞鸿儒、陈致英、范良藻三名研究生以及刚从北京大学分配到所里的张德华、何永年组成。1958 年 2 月，郭永怀钦点俞鸿儒，让他以研究生的身份担任激波管研究组的组长。有意思的是，研究所内其他研究组的组长全是知名科学家、高级研究人员，这令俞鸿儒既兴奋又十分紧张，因为他当时还仅仅是一名研究生。他表示坚决不辜负郭所长的期望。[2] 他带领小组成员仅用了几天的时间就设计出第一台简单的激波管。设计完成后，郭永怀请他的朋友（北京仪器厂总工程师）安排，及时将激波管加工好。10 天后，激波管被运回安装，随后小组成员便开始破膜试验和测量激波速度。当年八一建军节，这台激波管被选送进中南海，作为向党中央献礼的一大成果。

激波管虽然能够产生较大的速度和足够的温度，但其直径小，致使实验件尺寸受到一定限制。而研制大型高超声速风洞耗资大，技术难度也很大。因此，郭永怀指示俞鸿儒等人在激波管的基础上研制激波风洞。他说，大型高超声速风洞将来是不可缺少的。我国经济和技术基础还很差，难以仿照发达国家依靠大型常规高超声速风洞试验的途径，何况常规风洞加热所能达到的高温有限，难以模拟超高速飞行器周围的高

1　吴承康．郭永怀光辉的一生［J］．力学学报，2018（6）：1279-1282.

2　俞鸿儒．郭永怀先生引导我做实验［J］．力学与实践，2009（2）：97-99.

温绕流。[1] 激波管能产生高温和高压气体，且费用低廉，因此需要探索在国内条件下研制激波风洞的方法。郭永怀估计做这项工作有相当大的难度，为此他为激波管组营造了一个能专心工作的环境：一是无须制订进度计划，只要求持续不断地有正面或反面的进展；二是想怎么干就怎么干，只要把想法和结果告诉他就可以。[2] 正是郭永怀营造的这种非常宽松自由的科研环境，激波管组先后取得了一系列重大突破。

当激波管组开始调试激波风洞时，首先需要决定采用何种驱动方案。氢氧燃烧驱动因其驱动能力强且费用少，在 20 世纪 50 年代初受到了广泛重视。但是，国外多年的实践经验表明，这种方法产生的试验气体品质差且潜伏重大危险，因此，许多国家已基本放弃该方案而改用耗气量大且技术装备复杂的高压氦或氢驱动。激波管组研究人员经过慎重考虑，决定从克服氢氧燃烧驱动存在的缺陷着手，如果成功，将能大大节省投资并降低对技术装备的要求。在探索产生潜伏重大危险根源的实验过程中，可能还会发生事故。郭永怀考虑到这个问题，他要求研究人员格外小心，要绝对防止人身伤亡，并事先向研究所领导做了说明。后来，在进行探索实验时，确实出现了几次事故。由于郭永怀预先做了工作，研究所领导和周围同志不仅表示能够理解，还给予了安慰与鼓励。

1964 年，在俞鸿儒等人的努力下，力学研究所建成反射型激波风洞 JF-4A，随即开始设计大型激波风洞 JF-8。1967 年春，俞鸿儒和同事搭建起一座高性能大型激波风洞。郭永怀看到安装起来的风洞后，误以为花费了几百万元经费而非常生气。当听说利用废置设备和找寻便宜

1　张珩旭，白欣，赵玉杰．激波管与激波风洞的研制：俞鸿儒院士访谈录［J］．力学与实践，2014，36（4）：508-511.

2　俞鸿儒．难忘郭永怀先生的教诲［M］// 李家春，刘桂菊．永远的郭永怀：纪念郭永怀先生牺牲 50 周年．北京：科学出版社，2019：29-31.

靠谱的工厂，仅花费 8 万元加工费后，郭永怀非常满意。[1] 在郭永怀节俭精神的引导下，由俞鸿儒带领研制的 JF-4、JF-4A 和 JF-8（仅本体）三座激波风洞，其仪器设备全部支出不到 30 万元。高超声速风洞的喷管一般采用不锈钢制造，造价比较昂贵。他们经过分析和实验考核后改用优质铸铁制造喷管，由于材料费便宜且加工容易，造价可降低一个量级。

郭永怀经常到激波管组检查工作，并鼓励研究人员不要依赖先进的仪器设备，而要多动脑筋想办法解决问题。在他的关心和指导下，力学研究所的激波风洞研制取得了很大进展，在一些具体技术和方法上也有很多创新。

实验工作的核心是用实验手段开展研究工作。然而，在郭永怀殉国前，力学研究所只完成了激波风洞的研制和基本测量系统的配备。20 世纪 70 年代中期，国家组织“气动攻关”时，急需大型高超声速风洞。力学研究所研制成的 JF-8 激波风洞和瞬态测量系统耗资极少，它不仅解决了飞行器设计与试飞中出现的疑难问题，还提供了大量设计所必需的数据。这时，力学研究所在激波管和激波风洞研制方面所取得的成绩彰显了郭永怀十余年前的英明预见。

激波管和激波风洞作为当时研究高超声速空气动力学的关键设备，得到了郭永怀的高度重视。他还经常到该研究室，与团队成员一道克服困难、分析结果。有些小事情，他也亲自过问。有一次，研究室急需一台示波器，他亲自撰写报告向中国科学院申请，很快解决了问题。十年内乱时期，“下马风”多次威胁到郭永怀指导的激波管和激波风洞实验

1 张志会．俞鸿儒院士：激波管爆轰驱动新方法开创者［J］．工程研究：跨学科视野中的工程，2020，12（5）：509–522.

的研究工作。但他坚定地相信，这两个项目的研究方向是对的，不能随便下马，否则会前功尽弃！在最困难的时候，郭永怀坚持并保护了这些项目，最后以研究生作论文为由，使激波管研究得以继续进行。同时，激波风洞方面也争取到数人留守，从而保护了这两个项目并使其得到发展。这些设备后来建成并投入使用，取得了重要实验成果。[1] 应当指出，这些设备在国内都是率先建造的。多年来，它们不仅为基础研究和国防任务提供了大量可靠的数据，而且也为建设我国的气动中心的同类设备提供了有益经验，树立了榜样。更为重要的是，通过建造这些设备和开展实验研究，培养了一批既懂实验技术又会理论分析的人才。这个研究室的同志深情地说："有郭所长这棵'大树'，我们才能有今天的这个局面。真是大树底下好乘凉啊。"

俞鸿儒始终铭记郭永怀对他和激波管组的悉心指导，以及对力学研究所的贡献，对其科研思想也推崇备至。在郭永怀诞辰100周年时，俞鸿儒回顾了在郭永怀指导下从事激波管和激波风洞的研究和研制过程，并对郭永怀的科研思想进行了评价。他说："郭先生在力学研究所选择并安排了很多前瞻性课题。这些课题研究内容不是趋之若鹜的当前热门，却都是完成后对国家重大需求能发挥重大作用的关键问题。以自己的能力，还难以像先生那样选好题，但学习先生的选题准则，始终是我不变的目标。"

三、推动爆炸力学研究和学科建设

由于研究难度极大，爆炸力学这一新兴学科起步很晚。钱学森与郭

1　郑哲敏．在中国科学院力学研究所成立卅周年大会上的讲话［Z］．中国科学院力学研究所，1986.

永怀、钱伟长等很快抓住这一苗头，于20世纪60年代初在力学研究所成立了爆炸力学组，由同为加州理工学院毕业的郑哲敏担任负责人。在郭永怀等人的倡议下，制定了我国第一个爆炸力学的发展规划。郭永怀经常了解爆炸力学组的研究进展并给予指导，引导力学研究所的爆炸力学研究走上与核试验相结合的道路。

20世纪60年代初，郭永怀负责爆炸力学研究室。一天，郭永怀找到郑哲敏（后曾任力学研究所所长），提议让他写一份关于爆炸力学的研究规划报告，然后亲自审阅并提出建议。为了使大家深刻理解爆炸力学在我国经济建设中的重要地位，他打开中国地图，向从事这项工作的青年同志解释说："你们看，我国的高原和丘陵地带占着多大的比例！要建设就必须用炸药，如果我们能使炸药的爆炸效力提高百分之几，就能为国家节省多少人力物力啊！"在他的记事本上，爆炸力学的各项任务和课题始终占据着重要位置。

为了造就一批爆炸力学的专业人才，他给大家选定了泽尔道维奇（Якаў Барысавіч Зяльдовіч，1914—1987）的《爆轰学》作为主要参考书，亲自指导年轻人把它读懂、读通。郭永怀在加州理工学院曾进行过爆炸球面波的研究，因此对爆炸力学问题有较深的了解。他除了对爆炸成型、水坝安全、铁路建设等课题给予关心和指导外，还提出了爆炸力学的军事应用课题。"文革"前，他向国防科委主任聂荣臻汇报了使用定向爆破方法修筑工事的设想，并抽调几个人进行这方面的研究和试验。在他的支持和室主任郑哲敏的领导下，爆炸力学研究室迅速成长起来，研究与试验工作取得了优异成绩，特别是在爆炸成型的理论和实践方面取得了非常突出的成果。多年来，该室科研人员进行了成百上千次大型爆炸试验和现场施工，完成了爆炸成型、定向爆破、穿甲破甲等重要任务。在郭永怀的指导下，力学研究所爆炸力学研究室开展的工作为爆炸相似律、空化理论、流体弹塑性模型等理论的形成和发展奠定了基础。

中国科学院力学研究所的爆炸力学研究由钱学森与郭永怀共同倡导，郭永怀在其中发挥了重要的领导和业务指导作用，并且为爆炸力学研究与核试验结合指明了方向。郑哲敏说："力学研究所爆炸力学的建立和发展与郭永怀的关心、指导和坚持不懈的努力密切相关。在大爆破课题研究的初期，由于难度大，野外工作条件异常艰苦，许多同志存在着畏难情绪，有的同志形象地说：'大爆破是黑压压的森林，进去就出不来了。'"在这种情况下，郭永怀一方面要求大家踏踏实实地学一本书，一方面鼓励大家深入实践。1960 年，他指示爆破组赴广州参加南水定向爆破筑坝工程，并亲临施爆现场进行测量。他多次参加爆破组的学术讨论，根据我国多山的特点，教育大家重视大爆破对国民经济建设的作用，并对参加成昆铁路建设提出了重要的意见……在郭永怀的倡议下，制定了我国第一个全国性有关爆炸力学的规划。他认真听取关于爆炸成型机理的汇报，并引导力学研究所走上了与核试验相结合的道路。因此，郭永怀的指导和培养是力学研究所爆炸力学研究取得成绩的一个重要原因。

四、支持和领导磁流体力学研究

磁流体力学在 20 世纪 40 年代后才出现，因此在力学研究所成立时还属新兴学科。由于它主要研究导电流体在磁场中的运动规律，因此与流体力学有非常密切的联系。早期磁流体力学主要开展天体物理学和气体放电方面的研究。到了 50 年代以后，能源危机迫在眉睫，加之高超声速气动力学中出现电离现象，磁流体力学这一新学科引起了更为广泛的关注。郭永怀抓住这个苗头，在力学研究所亲自筹划并建立了磁流体力学研究组（后来发展成一个室即六室），由他在康奈尔大学指导的博士生潘良儒担任组长，北京大学流体力学专业的毕业生胡文瑞任副组长。1961 年，该研究组开始投入工作。他将几个学不同专业的人召集到一起，分享了他的想法。他说："为什么我们要搞磁流体力学，主要有三个方面的原因：第一，人类将来势必要从受控热核反应中取得大量能源，而研究高温等离子体、磁流体理论乃是研究受控热核反应的基础；第二，航天器再入返回大气层时，也会碰到气体电离、磁流体力学问题；第三，可通过磁流体发电，直接取得能源。"

郭永怀十分强调结合工作边学边干，出成果、出人才。在磁流体力学研究初期，大家对此不太了解。郭永怀指定了两本参考书，让大家集中学习了一个时期。等大家初步了解并开始介入课题后，他便定期组织每周一次的学术讨论会。郭永怀发扬了加州理工学院古根汉姆航空实验室的优良学风，广泛发扬学术民主。讨论会上，大家轮流报告自己的研究进展，讨论工作计划和方案，介绍国外学术动态，还经常对一些具体问题展开热烈的争论。郭永怀也以平等的身份参加讨论。这种学术讨论会对大家帮助很大。他们不仅从郭永怀的言谈中领悟到研究工作的方法，也从别人的研究中吸取经验教训。同时，每个人通过讨论还可以检验自己掌握基本概念和研究方法的情况。和大家一样，郭永怀也多次谈到，这种讨论会使他学到不少东西。[1]

郭永怀不是让大家一道做同一课题，而是选定一些课题让大家分头去做，从调研开始，逐步深入，确保每个人对课题的整个过程都有细致的了解。在达到一定程度后，再开始摸索新的、更难的课题。这种方法对每个人都是极好的锻炼，这个组的同志认为那段时间是他们学术本领

1　胡文瑞．怀念郭永怀副所长［J］．力学与实践，1979（1）：63-65.

汪德昭夫妇在郭永怀家做客

成长最快的时期。[1] 郭永怀还根据国际磁流体力学的发展趋势，为这个组选定了研究课题，不仅包括基础性的磁流体和等离子体稳定性研究，也包括应用性课题。

磁流体直接发电是一项解决未来能源问题的重要课题，其发电原理就是法拉第电磁感应定律。由于用导电流体取代机械转子，减少了中间环节，因而效率大为提高。当时国外搞得比较多的是直流发电装置的研究，郭永怀向负责这个课题的同志提议："我们不仅要搞直流发电装置，而且要深入探索交流发电装置的研究。"[2] 力学研究所磁流体力学研究组在探索发电方面取得了一些进展，用煤油作燃料并加入易于电离的介质，燃烧气体通过磁场发出的电能使小灯泡发亮。当时国外的实验也都是利用这种高温导电气体。郭永怀还提出磁流体发电原理应当和原子能技术结合起来，这是很富有创造性的设想。后来的趋势表明，随着受控热核反应研究的进展，聚变反应堆与磁流体结合的发电装置有可能成为未来中央电站的主要形式。[3]

1962 年，郭永怀提出利用电磁离心方法分离同位素的新颖设想。郭永怀安排一名科研人员进行理论分析和机理研究。他将这个设想与同住一楼的著名科学家汪德昭及著名声学家马大猷进行了讨论。汪德昭回忆说："记得某天晚上，我们的话题谈到了国外提取铀 235 用高速离心机的技术，那时他（郭永怀）还没有到九院工作。他说：'传统的气体扩散法要耗费大量电能，高速离心机分离可能比扩散法省电。'我说：'机械高速旋转不如让气体本身高速旋转，若将超声技术移植过来，也

1 徐复（中国科学院力学研究所）访谈记录，1987 年 9 月 5 日。

2 邱励俭（中国科学院合肥等离子体研究所）访谈记录，1987 年 6 月 7 日。

3 中国大百科全书总编辑委员会《力学》编辑委员会 . 中国大百科全书（力学卷）[M] . 北京：中国大百科全书出版社，1985：75—78.

许可以实现，你看怎样？’他听后想了一会儿说：‘可能是个办法，值得摸摸。’第二天我和马大猷同志谈了，他也很赞成，并且做了计算，我建议把这个设想和理论分析写成一个报告，由永怀审稿，于是三个人在报告上签了名，请院部转交有关部门做参考。过了若干月，我们接到了院里的一封表扬信。”[1]

由于种种原因，特别是“文革”的干扰和郭永怀的不幸牺牲，这一设想没能很好地深入研究下去。当年跟随郭永怀从事相关研究的科研人员说，郭永怀早在 20 世纪 60 年代提出的设想方向是正确的，如果投入足够的精力研究下去，可能会有实质性的结果。[2]

在开展磁流体力学几大方向的研究工作过程中，郭永怀在 1963 年为相关研究提出了长远性战略目标：从力学角度探讨核聚变以及磁流体发电问题，为核科学技术服务。[3] 但他又清醒地认识到，类似核聚变这种研究项目，由于研究前景的不确定性因素太多，以我国当年的研究实力不宜投入太多的人力物力，因此保持一支小规模的精干力量进行探索性的研究又是必要的。一旦这方面的研究取得重大突破，凭借我们已有的技术储备，适时扩大队伍才有可能迎头赶上。[4]

磁流体力学是一门新学科，郭永怀多年来像辛勤的园丁一样培育这株幼苗。在十年内乱中，由于片面强调工程实际，磁流体力学研究室竟被说成是郭永怀的“自留地”，是“理论脱离实际的典型”。但郭永怀

1　汪德昭．郭永怀同志二三事［J］// 侯自强．汪德昭文集．中国科学院声学研究所，1995：340.

2　俞鸿儒（中国科学院力学研究所）访谈记录，1987 年 10 月 27 日。

3　徐复．郭永怀开创磁流体力学前沿研究［M］// 李家春．高山仰止　大爱无疆：我们心目中的郭永怀和李佩先生．北京：科学出版社，2013：43-47.

4　李毓昌．不懈的追求　卓越的领导［M］// 李家春．高山仰止　大爱无疆：我们心目中的郭永怀和李佩先生．北京：科学出版社，2013：36-41.

并不畏缩。他耐心地强调，科研机构应该进行探索研究，不能等待别人来提出要求。科研单位和生产单位不同，许多问题生产部门照顾不到，我们不能只看眼前。他不但在磁流体力学研究室反复重申他的主张，而且在力学研究所的会议上也力主给这个基础研究室以阳光、雨露，让它茁壮成长。在力学研究所的一次工作会议上，郭永怀指出："如果六室的工作搞得对，它比分部重要得多。"郭永怀对这个室的生存和发展起了决定性的作用。在他的大力支持和具体指导下，这个室做出了一批成果，涌现了一批专著和论文。这支研究队伍成为我国磁流体力学和等离子体研究领域的中坚力量之一。

当年在郭永怀亲自指导下开展磁流体力学研究的胡文瑞，已经成为国内知名的磁流体力学专家。20 世纪 70 年代，他转入日地物理研究，之后从事微重力流体物理研究。他在这些领域都取得了突出成就，并于 1995 年当选为中国科学院院士。1996 年 10 月，他当选为国际宇航科学院通讯院士，2001 年 9 月当选为国际宇航科学院院士。他对当年在郭永怀指导下从事磁流体力学研究的经历感到终生难以忘怀。他说："郭副所长对我的帮助和指导是难以忘怀的，我经常感受到他的关怀和温暖……郭副所长的指导是很严格而具体的。他教给我思考问题的方法，指给我科学研究的途径，他是启蒙我们攀登高峰的严师。"

高超声速流动试验必不可少

风洞是航空航天研究的基础，被世界各国视为重要的战略资源。在 20 世纪 50 年代，郭永怀就提出，中国研制航天飞行器，高超声速流动试验必不可少。因此，他很早就把风洞确立为研究方向，亲自指导建成了风洞实验室。

1968 年，郭永怀作为筹备组的副组长，领导组建了空气动力研究院（现中国空气动力研究与发展中心）。该中心按照钱学森、郭永怀当初的规划，不断发展壮大，建成了亚洲最大的风洞群。我国自主研发的长征系列运载火箭等重点装备，都是在此中心进行风洞试验。

1957 年，郭永怀在《科学通报》发表论文，评述了现代空气动力学的问题，将空气动力学发展分为三个阶段。郭永怀说："20 年前人们开始研究不可压缩流动，现在开始关注可压缩流动，将来我们要面临着第三个新时代。由于洲际导弹还有人造卫星的研发需求，宇航器飞到这样一个速度，驻点温度至少在 6 000℃。空气在这样高的温度下会发生解离，所以气动学科不得不面临物理和化学的融合问题。"如果以现代科技术语来阐释郭永怀的意思，这种技术就是高超声速飞行技术，相关的气体运动融合了物理化学过程，是气动学科的前沿学科，现在称为高超声速与高温气动力学。郭永怀的这个论述，在当时是非常新的学科问题，他用物理力学的观点，提出了我国现代气体动力学研究需要关注第三个研究阶段。

郭永怀对中国力学事业发展的贡献是多方面的。他不仅在中国科学院力学研究所领导开展空气动力学研究，参与举办清华大学力学研究班，辛勤培养力学人才，还为我国空气动力学的整体发展付出了极大的努力，取得了显著成效。特别是在兴建全国性的、为航空航天和国防科研服务的空气动力学研究基地方面，他做出了卓越贡献。亚洲规模最大的中国空气动力研究与发展中心（简称"气动中心"）就是按照钱学森和郭永怀早在 20 世纪 60 年代构想的蓝图，对全国性的空气动力学研究和试验机构进行调整组建而成的。郭永怀和钱学森等著名空气动力学家结合他们长期的研究和工作经验，按照我国航空和航天事业发展的具体要求，提出了许多适合我国国情的重要建议和设想。他们不但规划了大的建设方针，而且还探讨了具体的技术途径，为我国空气动力学事业的迅速发展指明了方向。

1964 年 3 月，国防科委为了促进我国空气动力学研究工作的发展，满足型号研制对气动力研究的要求，充分发挥专家的作用，决定成立国防科委空气动力学专业组（即 16 专业组）。专业组由钱学森、郭永怀、沈元等国内 15 位著名空气动力学家组成，其主要任务是：协调风洞实验任务，提出并讨论全国空气动力学研究实验的规划建议，提出有关空气动力学发展的重大技术措施的建议和组织空气动力学的技术交流。[1]这个专业组类似于国家级的高级专家咨询委员会，是国防科委发展空气动力学的高级参谋机构。[2]

为了减少“文革”造成的影响，推动国防科研事业的发展，1967 年 9 月，聂荣臻提出《关于国防科研体制调整改组方案的报告》，建议成立 18 个专业研究院，随后得到中共中央的批准。在这个报告中，空气动力学部分位列第十七，故而称为第十七研究院（以下简称“十七院”）。为组建十七院，国防科委早在 1967 年 7 月 20 日发布《成立空气动力研究院筹备组的通知》，指定由钱学森任组长，郭永怀、严文祥任副组长。

钱学森于 1967 年 8 月 10 日在力学研究所主持召开了筹备组第一次会议。会议确定筹备组下设科技管理组、政工组、基建器材组和行政管理组，钱学森负责筹备组总体工作，郭永怀负责规划和科技管理工作。

1 韩志华．中国空气动力发展史大事记（建国后部分）[J]．编务通讯，1986（8）：3.

2 凌云沛（北京航空航天大学）访谈记录，1987 年 9 月 10 日。

这样，郭永怀在承担大量力学研究所所务工作和二机部九院工作的基础上，又增加了新的重要工作。他身体力行，在担负众多职责、工作十分繁忙的情况下，仍设法挤出大量时间，亲自领导和指导筹备组开展各项工作。

从 1967 年 8 月到 1968 年年底，筹备组在钱学森、郭永怀的直接领导下，通过认真调查，对一系列风洞建设中的重大问题进行了决策。首先，将原七机部准备在四川省达县地区建设的 7305 工程，集中到四川安县地区进行建设，以避免跨声速风洞重复建设。其次，对不同速度范围内规划的风洞，按照不同类型的风洞对能量的要求进行部署。通过这样的布局，各类风洞分别集中建设在安县辕门坝、小滥坝和晓坝地区，既节省了投资，又可以综合利用能源，充分体现了集中建设风洞的优势。最后，为保障航天服务的超高速设备，筹备组决定在小滥坝建设 1 m 量级高超声速风洞和 2 m 量级高温热结构风洞；在晓坝地区建设用于防热试验和低密度试验的电弧加热器和电弧风洞。[1]

钱学森和郭永怀都身兼数职且难以经常见面，在此情况下，对于建什么样的风洞、有什么样的要求、如何布局、风洞建设的优先次序等问题，他们多次通信进行商讨。在 1967 年 8 月 17 日、8 月 20 日和 9 月 4 日，钱学森曾三次致信郭永怀，就上述问题提出自己的看法和建议。郭永怀作为规划和科技管理负责人，通盘考虑各方面因素和各种建议后，作出具体安排。

郭永怀始终认为，十七院建设既要服务工程应用部门，又要有自己的理论研究与学科建设，以便将来更好地服务于应用部门。在 1967 年

1　石磊，王春河，张宏显，等．钱学森的航天岁月［M］．北京：中国宇航出版社，2012：442−443.

11 月的一次气动中心筹备办公室会议上，他在谈到十七院与其他设计与应用部门分工划线问题时，强调“要有所发现，有所创造，不能只做考古的工作，他们（型号单位等应用部门）的方案已定后，才让我们吹风。如果这样我们就无研究工作可做，也不可能走在研制工作的前面”。他还指出：“气动工作，为型号提供可靠数据是天经地义的，但不能以此为满足，还要为型号研制指出方向。革命有革命的理论，向自然做斗争，也要有自然科学的理论。”郭永怀的思想与指示，就是要求十七院充分发挥空气动力学在武器装备研制中先行官的作用，走在武器型号研制的前面，加强基础研究和预先研究，为型号设计部门提供指引。中国空气动力研究与发展中心成立 50 多年来，始终以发展武器装备、保障国家安全为己任，牢固树立为武器装备型号服务的观念，积极承担和主动介入武器研制任务，在各类型号的设计、选型、定型中发挥了重大作用，为我国的航空航天事业发展、武器装备型号研制改进做出了重大贡献。[1] 同时，遵循郭永怀和钱学森的指导思想和建设规划，该中心在空气动力基础研究领域，以及设备建设、学科发展方面，均达到了很高的水准。几代气动人坚持走创新之路，一刻也没有停止追赶和超越先进国家的步伐。他们坚持瞄准战略制高点，集智攻关，重点突破了以高超声速技术为代表的核心技术，取得了大量有开创性的研究成果。

1968 年 2 月 15—17 日，郭永怀和钱学森参加筹备组召开的“计算空气动力学座谈会”，会议充分肯定了发展计算空气动力学（现一般称计算流体力学，即 Computational Fluid Dynamics，简称 CFD）的重

1　王希山，饶顺和，邓小刚．郭永怀和中国空气动力研究与发展中心［Z］// 中国科学院力学研究所．郭永怀先生诞辰一百周年纪念文集．中国科学院力学研究所，2009：73–76.

大意义，并认为在十七院设立计算技术研究所是完全必要的。1968年3月25日，郭永怀在书面报告中指出，十七院的热物理专业分为3个专门化方向，即气动、传热、燃烧（烧蚀）；气动安排在一所、二所等单位，传热和燃烧（烧蚀）由五所负责。如今中国空气动力研究与发展中心科研试验的基本格局就是按照他们二人的设想和规划形成的。该中心在持续提升地面模拟试验能力的基础上，同步推进计算空气动力学的发展；即便在经费投入有限的条件下，依然稳步保持自由飞试验技术的人才储备，并推动相关技术取得了长足进步。[1]

筹备组成立后的半年多时间，是十七院筹建工作进展较快的时期。郭永怀经常到筹备组办公室。当时筹备组的同志提出，希望郭永怀来时能事先通知他们，以便派车去接。但郭永怀却说："路不远，我散步或者乘公共汽车就来了，不必用小车接。"他就是这样，一有空就突然来到筹备组办公室，了解情况，同大家一道商讨建院规划。[2]

郭永怀为空气动力研究院的建设做出了极大的努力。他凭借丰富的学识和深刻的思想，通过考察我国气动研究的现状，同时结合国外先进的经验和深厚的学术思想，同钱学森等科学家一道提出了许多重要的建议和主张。比如在风洞建设上，除了要求实现跨低、高、超高速的配套外，郭永怀认为应当重点发展高速、超高速实验风洞，瞄准第一和第二宇宙速度的目标。这和钱学森的思路完全相同。由于建立大型高超声速风洞投资大，因此郭永怀指出："作为高速研究工具，我们要优先搞炮风洞、自由飞弹道靶，这样可以投资少、规模小、见效快。"

郭永怀在十七院的建设规划中，还提出许多新颖的想法。考虑到风

1 陈承厚（中国空气动力研究与发展中心）访谈记录，1987年7月22日。

2 贺长胜（中国空气动力研究与发展中心）访谈记录，1987年9月22日。

洞实验和喷气发动机试车之间的联系，他提出将高速风洞同喷气发动机试验台建在一起，以使二者可以相互借用。

钱学森和郭永怀共同拟定的十七院地面模拟试验设备规划，具有极其鲜明的特色：一是速度、尺寸、品种、功能实现配套互补，最大限度地适应航空航天事业发展的需要；二是符合我国的国情，充分考量我国技术和工业的能力水平，立足依靠国内力量开展设计建设；三是近、中、远期规划相结合，不仅有当时近中期需要的设备，而且有像 48 MW 电弧加热器这样的将来非常需要的项目，甚至包括开发太空所需的达第二宇宙速度的模拟试验设备。中国空气动力研究与发展中心正式启动建设，基本上是根据这个规划来设计、建造风洞设备的。几十年来，该中心先后建成了 40 余座风洞设备，同时依据航空航天飞行器型号研制发展的需要及我国技术、工业的进步进行适应性改造，形成强大的空气动力学试验能力，为我国航空航天事业的发展和民用领域的发展提供了巨大的研究与试验支持。其中特别重要的有 8 m×6 m 和直径 3.2 m 低速风洞、2.4 m×2.4 m 引射式跨声速风洞、直径 0.5 m 常规高超声速风洞、2 m 激波风洞、1 m 高超声速推进式风洞、超声速电弧风洞、高频等离子体电弧风洞、直径 0.3 m 的高超声速低密度风洞、200 m 弹道靶等。许多国际同行在参观其中一些风洞设备后，皆对其赞不绝口，称其“了不起”。1998 年 8 月，郭永怀在康奈尔大学指导的博士生阿尔弗雷德·雷特来此访问后说：“贵中心风洞设备的规划建设显然包含着郭永怀教授的思想。”[1]

1　中国空气动力研究与发展中心．郭老对气动中心的奠基性贡献［M］// 李家春．高山仰止大爱无疆：我们心目中的郭永怀和李佩先生．北京：科学出版社，2013：149-152.

在我国空气动力研究试验基地的建设过程中，其体制和归属屡经变化。1970 年 3 月，十七院番号撤销，改为风洞建设指挥部，划归空军领导，后又移交到三机部六院。1976 年，国务院、中央军委决定在风洞建设指挥部的基础上，增加若干原属于各部委、中国科学院、航空航天企业的空气动力研究所、风洞设施以及研究人员，调整组建了中国空气动力研究与发展中心（代号 29 基地）。[1] 经过几十年的建设，气动中心现已成为试验设备齐全、研究手段多样、技术力量雄厚、科研成果突出的研究与试验基地，已成为航空航天飞行器及风工程（与建筑、造船、汽车、铁路、公路相关的气动力外形研究的总称）研制与发展的重要技术支柱。该中心的规模和水平不仅是亚洲第一，而且在国际上也享有盛誉。作为一个开创者、奠基者与建设者，郭永怀在这项伟大的建设工程中，具有不可磨灭的丰功伟绩。

1　石磊，王春河，张宏显，等．钱学森的航天岁月［M］．北京：中国宇航出版社，2012：442−443.

第三章 横跨核弹 导弹 人造卫星三领域

从大国战略出发，从独立自主、自力更生的原则出发，新中国决定发展当时新兴的尖端技术武器，依靠武器技术的威慑，争取经济发展的和平环境。在第一个五年计划（1953—1957）进行之际，中共中央先后做出发展核科学技术、导弹技术，制定科学技术远景规划等重大决策，为中国大力发展国防尖端技术打下了重要的基础。

在国家需要的时候，郭永怀积极投身到新的尖端领域，包括导弹与航天事业以及核武器事业，并且在这些领域都做了十分重要的奠基工作，做出了巨大贡献。郭永怀是党中央表彰的 23 位“两弹一星”功勋中唯一一位在我国导弹、原子弹（核武器）和人造卫星工程中均做出过巨大贡献的科学家。

1958 年 5 月 17 日，毛泽东在党的八大二次会议上发出了“我们也要搞人造卫星”的号召。8 月，国务院科学规划委员会在《十二年科学规划执行情况的检查报告》中指出：“发射人造卫星，将使尖端科学技术加速前进，开辟新的科学技术研究工作的领域，为导弹技术动员力量。”在上述背景下，力学研究所的科研方向和任务做了相应的调整，将原来按学科划分的六个研究室改为按任务划分的四个研究室和一个承担 581 任务的设计院，保留了运筹学研究室（原运筹学研究组）。力学研究所基于 581 任务成立了第一设计院（代号 1001），负责人造卫星和所需运载火箭的总体设计。由郭永怀任院长、杨南生任副院长。

郭永怀荣获的中国核工业功勋奖章（郭永怀的侄孙郭涛捐赠）

1959 年下半年，中国科学院根据中央“自力更生为主，力争外援为辅”的指导方针，提出了关于《1960—1967 年中国科学院发展探空技术和喷气技术规划》的意见，认为中国科学院应在不重复国防部门工作的情况下，主要进行火箭技术方面的基本理论和探索性研究。因此中国科学院对力学研究所的火箭技术研究队伍进行了调整。

通过这一时期的建设与发展，力学研究所达到了空前的规模，并承担了大量的国防任务，从而使人员规模得到极大扩充。当国家开始进行科研生产布局调整时，力学研究所为国家的航空航天及其他领域输送了大批人才，为这些行业的发展做出了巨大贡献。郭永怀在这一时期扮演了十分重要的角色，为中国力学事业以及航空航天、国防科技事业（“两弹一星”相关事业）做出了巨大贡献。

开阔的学术视野

郭永怀的学生胡文瑞在《怀念郭永怀副所长》一文中说，郭副所长不仅有严谨而勤奋的学风，在学术上也有很深的造诣，他看问题很深远。

比如，我们从 20 世纪 60 年代初开始研究磁流体力学直接发电，做了一些燃气试验。他接管这项工作时，分析了各方面的情况，提出这种新型发电原理应该和原子能技术结合起来，要加强基础理论和实验研究，不要只是追求大装置、大输出功率。根据这样的指导思想，远期有明确的目标，近期有具体的工作。再如，1962 年他提出利用电磁离心方法分离同位素的设想，让我们进行理论分析和机理实验的研究。在这前后国外也有类似想法的专利，但具体工作却是七八年以后的事情。他不主张做小题目，写小文章。他给我们定的方向，都是重大的探索性课题，都可能会有重要的实用价值。为了教育我们热爱基础理论研究，他多次谈到，一旦生产上提出需要，基础研究就会变成巨大的生产力，并利用半导体、火箭及喷气技术的发展历史来说明这个问题。在“文革”期间，他还耐心地强调，科学研究机构应该进行探索研究，不要等待别人提出要求。科研单位与生产单位不同，许多问题生产单位难以顾及。他指出研究问题有时也会出错，错了就纠正嘛，而探索成功就能解决不少问题。郭副所长重视基础，重视理论探索，但这些都不是空洞的，是为了明天的技术和生产的需要，是想着为国家多做贡献。

1957 年 10 月 4 日，苏联成功发射了世界第一颗人造地球卫星，10 月 13 日中国科学院等机构组织召开了“关于苏联发射成功第一颗人造卫星的座谈会”，与会科学家纷纷发言。

郭永怀也发了言，他说：“我觉得这件事是在进入原子能（时代）以后的第二件大事情，对整个人类都有影响。人类一向是在二度空间活动的动物，现在有了人造卫星的成就，就如爬高有了梯子一样，以后去宇宙活动，已经不是梦想，可以实现了。”[1] 然后，郭永怀以他从国外获得的资料，就发射人造卫星的运载工具及其推力、火箭发动机的推进剂、卫星进入轨道的姿态控制、苏联同西方国家火箭技术的比较等具体的技术问题做了简要的分析介绍，并发表了自己的见解。这篇发言在当时可谓高屋建瓴，具有很大的启发和指导意义。全文摘引如下：

1 中国科学院办公厅．关于苏联发射世界第一个人造卫星成功的座谈会发言汇集［Z］．中国科学院，1957-10-30.

10 月 4 日苏联发射人造卫星的意义，各位都已讲了，我现在想补充两点。我觉得这件事是在进入原子能（时代）以后的第二件大事，对整个人类都有影响。人类一向是在二度空间活动的动物，现在有了人造卫星的成就，就如爬高有了梯子一样，以后去宇宙活动，已经不是梦想，可以实现了。另外一点，就是这件事发生在我们社会主义国家里，这样对和平事业的影响一定很大。我认为人造卫星对和平事业起的作用是正的，不是负的。

人造卫星关系到许多技术部门，我想着重谈其中两点。第一点是发射人造卫星的工具，也就是火箭问题。火箭很早就被发明了，中国早已制造过火箭。在近代推进器中，火箭有两个特点：一个特点是在很短时间放出很大的能量，另一个特点是它用自己的力量运行，因此火箭的活动不受外界影响，不用外界空气作推动力，所以离开空气层在真空中也能前进。那么过去为什么对星际旅行的意见又不一致呢？这并不是因为对火箭作推进器有疑问，而是由于燃料的问题。用普通的化学品燃料，可以简单地算出，推出地球几乎是不可能的。这样，用了多节火箭，苏联这次用的就是三节火箭。

现在说说苏联的成就。苏联卫星是 83 公斤，高 900 公里，要估计这样的卫星发射情况，现在可以用已经算好的资料作例子，如 100 公斤三级火箭，用的燃料是化学燃料，这当然与苏联现在的不同，化学燃料是用液体氧与肼（肼有自燃的特性）。火箭可以有各种设计，根据一种设计大约是这样的数据：第一节总重量（火箭与载重、燃料）是 91 吨；第二节的总重量是 15 吨；第三节总重量是 1.7 吨，其中有 100 公斤是载重。三节的总重量约为 109 吨。所以从这样的重量来看，其承载能力是超乎想象的。

现在看一看输送力，因为最后一节也到达高空，苏联现在的最后一节也是在高空上，因此把最后一节也算作被输送的，那么总的输送能力是总重量的 1/64。输送能力大约是总重量的 1/64，现在英美设计的火箭也是这样的数目。把火箭送上去所用总的推力，第一节是 181 吨，第二节的推力约为 31 吨。假使我们要用的火箭发动机是 5 个，这个推力就太大了，每个发动机的推力是 36 吨，普通的发动机推力远远在这个数字的下面。美国准备发射的卫星的重量比苏联的轻八分之一，每个推进器的推力只不过 3～4 吨。

另外，从人造卫星的发射到进入轨道，需要很精确的分析。第一节达到的高度与最后的速度问题，以及第二节开始的速度，到什么时候停火，第三节怎样达到轨道，这都要很精确的计算。在轨道确定以后，要做各种规划，这完全是自动控制的问题。由此也可见，苏联在自动控制、电子学等方面都有很高的水平。

最后要强调一下，赵先生已经说过，苏联从十月革命到现在不过四十年，苏联在这四十年中除了文化和经济建设的发展以外，科学方面的进展，尤其是最近二十年来科学的进展，简直不可想象。例如最近几年来在航空、原子能、高温物理等方面的进展，这些进展，即使是那些不愿知道苏联进展的人，也都不知不觉地慢慢透露出来了。因此，我在回国前就知道了一些情况。苏联的科学为什么会发展得这样快？我想在座诸位也都知道，要发展科学，只有在社会主义国家，有共产党领导才能够实现。[1,2]

---

1 中国科学院办公厅．关于苏联发射世界第一个人造卫星成功的座谈会发言汇集［Z］．中国科学院，1957-10-30.

2 郭永怀这篇发言，当时的记录稿用的是传统语言、词汇和繁体字。发言中涉及的具体而翔实的数据，应当是他综合苏联和美国公开的火箭、卫星数据，并结合自己的分析、推算得出的。当时苏联并没有公布火箭与卫星详细数据。由此可见，这篇不长的发言也体现了郭永怀严谨求实的科学精神。实际上，郭永怀谈到的数据比苏联卫星号火箭小得多，而比美国的先锋号、朱诺 1 号火箭又大得多。——笔者注。

1957 年 10 月 27 日，《人民日报》刊登了郭永怀的文章《发射人造卫星的技术问题》，系统讲述了他对这一问题的看法。

1958 年 5 月 17 日，在全国“大跃进”形势以及 1957 年 10 月、11 月苏联两颗人造卫星上天的影响下，毛泽东在党的八大二次会议上发出了“我们也要搞人造卫星”的号召。8 月，国务院科学规划委员会在《十二年科学规划执行情况的检查报告》中提出：“发射人造卫星，将使尖端科学技术加速前进。”国防科委主任聂荣臻责成中国科学院和国防部五院组织有关专家拟定人造卫星发展规划草案。当时提出的方案是在 1960 年发射中国第一颗卫星。科学院成立了卫星小组——581 任务组，并在北京香山饭店组织钱学森、赵九章、郭永怀、陆元九等专家负责拟定《发展人造卫星规划（草案）》。会上大家讨论了卫星的技术途径、运载火箭的发展趋势，形成了研制发射卫星的“三步走”规划设想。[1]

为了抓紧人造卫星等航天器的探索工作，钱学森、赵九章等科学家倡导举办了星际航行座谈会。每次座谈会由 1 名来自某一学科或技术领域的专家，就自己专业与星际航行相关的问题作学术报告，然后大家自由发言，深入讨论。1961—1964 年的 3 年间，星际航行座谈会共举行了 12 次。座谈会内容几乎涉及航天与空间技术的各个方面，包括运载火箭、航天器返回、卫星遥测遥控、航天飞行的生物学、航天器控制问题等。星际航行座谈会的举办，为未来中国航天事业发展提供了许多有益的思想和建议。

1961 年 10 月，在星际航行座谈会第四次会议上，郭永怀作了《宇宙飞船的回地问题》的中心发言。在这篇报告中，郭永怀重点探讨了星

1　张志会．开创者：赵九章学术轨迹研究［M］．北京：团结出版社，2021：195–197.

郭永怀阅读《人民日报》

际航行中一个极为关键的问题：宇宙飞船在返回地面过程中，怎样才能安全再入大气层而不被烧毁，并保证顺利降落回收。他从理论上定量地分析计算了飞船再入段的空气阻力减速、气动力加热、回地轨道的设计和烧蚀防热等重要课题，得出了符合已掌握的实际资料的结果。郭永怀还指出现有回地飞船是没有举力面的，由此他进一步提出利用举力面实现气动减速的设想。这样一方面可以降低卫星式飞船的超重，另一方面可以部分解决回地速度更高的月球飞船的再入与回收问题。[1]

1965 年 8 月 17 日，中国科学院副院长裴丽生召集院内各有关单位负责人开会，传达中央专委的决定，讨论卫星工程的任务落实和组织落实问题。会议议定先成立三个组：①领导小组，由谷羽任组长，杨刚毅、赵九章为副组长，共 12 人；②总体设计组，由赵九章任组长，郭永怀、王大珩为副组长，共 11 人；③办公室，由新技术局一处处长陆绶观任主任，办理日常事务。会议要求总体设计组成立后即着手草拟第一颗人造卫星总体设计方案，提出院内外协作意见，并草拟卫星设计院的组织方案。[2,3] 从此，中国人造卫星研制工作正式拉开了序幕。

郭永怀作为卫星总体设计组主要负责人之一，开始与赵九章一道安排相关研究与设计工作。他们两人领导了一个技术小组负责此项工作，成员来自力学研究所、地球物理所、自动化所等单位，有屠善澄、钱骥、魏忠铨、眭璞如等 9 人。郭永怀交给力学研究所眭璞如的任务包

1 郭永怀．宇宙飞船的回地问题［M］// 星际航行科技资料汇编：第一集．北京：科学出版社，1965：33-39.

2 杨照德，熊延岭．闵桂荣院士传记［M］．北京：中国宇航出版社，2017：48-49.

3 樊洪业．中国科学院编年史（1949—1999）［M］．上海：上海科技教育出版社，1999：165-166.

括：卫星的结构设计、卫星与运载工具的接口设计，以及研究卫星对运载工具的运载能力要求等。眭璞如在苏联看到过世界上第一颗卫星的实物，但对其内部结构却一无所知。运载工具在我国处于绝密状态，眭璞如无法拿到任何可用资料。他把情况告诉郭永怀后，郭永怀对他说："学着来吧，我也不很清楚，先找文献看看，再动动脑筋。"两天后，郭永怀又把他找去，给了他一大摞书和杂志，告诉他其中几篇 NASA 报告要仔细看看，可能有用，其他的翻翻便行。郭永怀还告诉他几个数据，并特别交待："你计算分析中用得着，但不要在报告中直接引用。"这件事令眭璞如特别感动，一是郭永怀短短两天亲自查了那么多资料；二是郭永怀参与"两弹"结合工作，掌握一些东风二号导弹的资料和数据，但又不便公开说，因此托词是参考了 NASA 的资料；三是体现了郭永怀的保密意识，既要有利于卫星设计的启动，又不能公开数据。在郭永怀的指导下，眭璞如准备了一篇有关卫星结构、重量和对运载工具要求的报告，在一次技术小组会议上作了介绍。这对以后决定卫星的基本方案起了作用。因此，郭永怀是我国第一颗人造地球卫星方案制定、部署策划以及技术决策的主要领导人之一。[1]

为研制核武器奋斗

郭永怀于 1960 年被任命为二机部九所副所长，后任九院副院长。他作为新中国核事业的元勋和主要技术负责人之一，与多位著名科学家

1　眭璞如．点滴回忆　深切怀念［Z］// 中国科学院力学研究所．郭永怀先生诞辰一百周年纪念文集（非正式出版物）．中国科学院力学研究所，2009：7-11.

一起，负责并组织领导了我国原子弹、氢弹的研制工作，为原子弹、氢弹的技术突破以及武器化工作做出了重要贡献。他以一位战略科学家的远见卓识，多次参加科技发展的规划工作，组织领导了核武器发展的研究，提出了一系列具有权威性的重大意见，有力地推动了国防现代化的发展，形成了科学决策、技术先进、作风严谨的科学思想，留下了宝贵的技术财富。

1954 年 10 月 3 日，毛泽东与苏共中央第一书记赫鲁晓夫在中南海颐年堂正式会谈。在双方十分友好的气氛中，毛泽东提出“我们对原子能、核武器感兴趣”，并询问在这方面苏联能不能有所帮助。赫鲁晓夫听后马上露出惊讶的表情，他说：“我们这个大家庭有了核保护伞就行了。”赫鲁晓夫还认为，中国如果真的搞核武器，就是把所有的电力都投入进去也不一定够用，苏联可以帮助中国先建一个小型原子堆，以此培训一批干部，并接收一些留学生去苏联学习。[1]

在 1956 年的《论十大关系》中，毛泽东就指出：“我们现在还没有原子弹。但是，过去我们也没有飞机和大炮，我们是用小米加步枪打败了日本帝国主义和蒋介石的。我们现在已经比过去强，以后还要比现在强，不但要有更多的飞机和大炮，而且还要有原子弹。在今天的世界上，我们要不受人家欺负，就不能没有这个东西。”[2]

1958 年，负责核武器研制的第二机械工业部第九研究所（以下简称“九院”）在北京成立，我国核弹研制工作正式启动。郭永怀与李觉、吴际霖、郭英会、王淦昌、彭桓武、朱光亚、程开甲等人一道，是九院初建时期的院领导。

---

1 徐焰．毛泽东两弹决策内幕［N］．北京青年报，2001-05-11.

2 毛泽东．论十大关系［M］// 毛泽东选集：第五卷．北京：人民出版社，1977：144.

1960 年，郭永怀任第二机械工业部第九研究所副所长，与王淦昌、彭桓武等一起参与我国原子弹的研制工作。他主要负责场外试验委员会的工作，先后参与了氢弹、核导弹的研制，解决了一系列技术难题，为核弹的武器化做出了贡献。郭永怀与王淦昌、彭桓武一起，被称为中国核武器早期研究的三大支柱。

资料显示，当时我国原子弹“会战”有四个技术委员会，分别为产品设计委员会、冷试验委员会、场外试验委员会和中子点火委员会。郭永怀所在的场外试验委员会中，还有程开甲、陈学增、赵世诚、张宏钧、秦元勋、俞大光等成员。

自“十二年科技规划”提出研制导弹后，随着国防部五院的建立，中国的导弹事业从组织到科研很快开展起来。1960 年，中国第一枚仿制的 1059 近程导弹发射试验取得成功。当时苏联已经中止了对中国的技术援助，加上三年困难时期的影响，围绕导弹及其他尖端国防技术事业是“上马”还是“下马”，曾进行了广泛的讨论。有些人认为困难太多、太大，国防尖端技术发展应该放慢速度，还有少数同志甚至提出停止搞尖端技术，并且认为用在这方面的钱太多了，会影响国民经济其他部门的发展，他们主张只搞飞机和常规装备，不搞导弹、原子弹等尖端武器。主管国防科技事业的聂荣臻坚定地主张：坚持攻关搞“两弹”，并以此带动其他现代科学技术向前发展。他还确定了“缩短战线、任务排队、确保重点”的方针，具体安排是：在科研与生产的关系方面，以科研为主；在尖端和常规的关系方面，以尖端为主。他的这些想法得到毛泽东、周恩来等领导人的支持。陈毅甚至表示，脱了裤子当掉，也要把中国的尖端武器搞上去。他还多次风趣地对聂荣臻说：“我这个外交部部长的腰杆现在还不太硬，你们把导弹、原子弹搞出来了，我的腰杆就硬了。”[1]

1963 年初，位于青海金银滩草原的核武器研制生产基地（221 基地）基本建成，郭永怀与科研队伍从北京迁往青海，在恶劣的自然条件下，突破了许多技术难关。221 基地 6 分厂是专门用于爆轰试验的场所。掩体主要用来保护研究人员免受爆炸冲击。在面对爆轰方向的钢板试验墙上留有观测孔，观测孔里放入高速照相机，用于记录爆轰情况。中国第一颗原子弹冷爆试验就在这里进行。

1964 年 10 月 1 日，第一颗原子弹爆炸前夕，试验指挥部领导与专家们留下了珍贵的合影。郭永怀、彭桓武、王淦昌、朱光亚、张爱萍、邓稼先等人均在列。

1964 年 10 月 16 日 15 时，我国第一颗原子弹在新疆罗布泊核武器试验基地高 102 m 的铁塔上爆炸成功。该弹采用铀 235 内爆式结构，全弹重约 1.55 吨，爆炸威力为 2.2 万吨到 2.5 万吨 TNT 当量。我国成为继美国、苏联、英国、法国之后，第五个拥有核武器的国家。

1967 年 6 月 17 日，我国第一颗氢弹在新疆罗布泊空投爆炸试验成功，威力为 330 万吨 TNT 当量。这次试验是我国继第一颗原子弹爆炸成功后，又一次质的飞跃。从原子弹爆炸到氢弹爆炸，中国仅用了两年八个月。

李家春、戴世强在《郭永怀先生小传》中说，郭永怀认为“千里之行，始于足下”，必须首先组织起精悍的研究队伍，让大家充分掌握必需的基础科学知识。他和大家一起制定了近期、远期规划和研究措施。对于飞行力学、流体力学和环境科学等方面的问题，他给大家进行了细致入微的指导，并亲执教鞭，给大家讲授爆轰学这门涉

1 聂荣臻. 聂荣臻回忆录（下）[M]. 北京：解放军出版社，1984：812.

及流体力学、固体力学、高温物理学和化学的边缘学科。他事必躬亲，不仅为大家安排了各种研究课题，而且自己动手做了大量的计算工作，解决了核武器研制中许多重大的疑难问题。为了攻克科学和工程技术难关，他亲自参加和主持各种技术委员会、研究班、讨论会，以他渊博的知识提出了很多极有价值的意见和建议，为我国核武器研究做出了积极的贡献。由于他和同志们的共同努力，我国核武器的水平在短时期内迅速接近世界水平。1964 年 10 月 16 日，当我国上空冉冉升起第一朵蘑菇云时，他正在现场附近，其激动的心情是可以想象的。

郭永怀对我国核武器研究所做出的贡献，目前多数人提到的是他在结构设计、场外试验以及原子弹设计等方面的贡献。但何祚庥认为他最大的贡献是：作为一位流体力学家，郭永怀先生对核弹的内爆引爆过程从科学的高度给出了科学的定位。也就是在核弹的内爆过程中，核燃料应该按照流体来处理，要考虑这是一个超声速流动问题。他认为，尽管原子弹的内爆动力学的具体设计是邓稼先、周光召教授等人主持完成的，但却是郭永怀先生最先给出了明确的科学定位，这是他对核武器研制的一项大贡献。

中国工程物理研究院研究员陈幼玲在《永怀的怀念》一文中描述，1963 年，党中央决定将北京的专业科研队伍迁往青海核武器研制基地，以尽早突破原子弹技术难关，展开“596”大会战。郭永怀与年轻科研人员一起，克服困难，在风沙弥漫、高寒缺氧的环境下，依然夜以继日地坚持工作。在大会战初期，遇到了在核装置结构设计上难以取舍的问题，郭永怀提出争取高的、准备低的理念，经常与王淦昌、彭桓武、朱光亚、陈能宽共同讨论并吸取技术骨干的意见后，果断决策，以先进的结构为主攻方向，优化引爆方式，使原子弹的设计从一开始就登上高水平台阶，为后续武器化的工作打下了坚实基础。

在九院理论部解决了一系列原子弹理论设计、实验验证问题的同时，在郭永怀指导下，原子弹的总体结构设计、强度分析计算和环境试验全面铺开。当时，核装置外层部件形成了各具特点的技术方案，难以选定。二机部刘杰部长亲临221基地，召开了结构方案选定会。在郭永怀指导下得出的强度计算结果，为最终方案的确定提供了重要支撑。

郭永怀与九院多位院领导一起，组织领导技术人员完成了关键技术攻关。1964年10月16日，我国第一颗原子弹爆炸成功。在试验中，郭永怀亲临现场坐镇把关。1966年，在两弹结合研制工作中，郭永怀倾心尽力。为了验证核装置在导弹飞行中的强度及精度是否满足要求，在郭永怀指导下做了一系列环境考核试验，特别是考核核装置在飞行中承受最大线加速度过载情况下的试验。试验结果为两弹结合飞行试验提供了线性过载的可靠依据。

后来，郭永怀又与院领导一起指导研制并成功研发了核装置引爆控制系统的安全自毁装置，一旦发生意外，该装置能确保核装置不会发生核爆炸。1966年10月，两弹结合核试验圆满成功。紧随其后，郭永怀参加了大当量远射程导弹核武器的研制。他站在科学前沿，根据武器化需求提出多种研究项目，在短短几年时间里，九院建立起一整套可供武器定型进行环境试验的设施，并取得与之配套的课题研究成果，有力推动了武器化研制进程。

在两弹结合的研制过程中，中央专委批准九院集中力量突破氢弹。九院领导制定了研制路线，首先取得含热核材料核弹的试验成功，紧接着完成了突破氢弹原理的塔爆试验。在验证全当量氢弹核试验技术攻关过程中，遇到了一系列必须解决的关键技术问题。在郭永怀组织、领导下，对轰6甲型飞机进行改装，完全满足了投弹要求。为保证核弹在最佳爆高爆炸，九院领导朱光亚、郭永怀、陈能宽、俞大光等决策提出技术路线，领导开展了工程研制，对其中的总体结构、气动外形等，提出了一系列具有权威性的重要意见，经科研人员设计、分析、计算和试验，全面验证了航弹结构及降落伞系统具备高可靠性与良好稳定性。1967 年，400 多人的参试队伍在王志刚、朱光亚、陈能宽、郭永怀、龙文光、张兴钤等领导下，奔赴新疆核试验基地。经过精准装配与系统联试，我国于 6 月 17 日成功引爆第一颗全当量氢弹，成为世界上第四个拥有热核武器的国家。

据参与中国核武器研发工作的陈幼玲说："郭永怀在九院工作的 9 年中，默默奉献，苦苦追求，将先进的科学知识融入中国核武器事业中，加快了核装置武器化的研制进程，他开创的武器化研制事业中的先进构想、实施路线、理论联系实际的科学方法已广泛用于后来的任务中。原子弹、氢弹、导弹核武器研制的每一步都凝聚了他的心血与智慧，他是中国核武器事业奠基人之一，是核炸弹走向武器化的掌舵人，他为祖国核武器事业的发展做出了开创性的历史贡献。"

国防事业的先行者

钱学森归国并担任新组建的力学研究所所长后，便将力学研究所的重要研究领域定位于为国防建设服务。他在《意见书》中阐述了负责中国导弹研制的"航空工业"组织建设问题。在谈及科学研究与设计研究时，《意见书》介绍了力学研究所的相关情况：

"科学研究：这是长远及基本研究的单位，在组织上可以在中国科学院系统之内，但同时也归上述领导机构领导。现在在科学院内，力学研究所的研究工作或多或少都与航空工业有关，其他研究所中的高温材料研究、电子学研究、计算机研究也都与航空工业有密切关系。未来很可能会再设新研究所来推进某一方面的研究，如气动力学研究所、自动控制研究所等。估计在这方面工作的研究人员，在整个系统完成时有 600 人，其中副博士水平以上的研究人员有 120 ~ 150 人。

“设计研究：这个单位是设计研究及设计新型飞机等的机构。它的任务是：生产新型成品，包括试制及试飞阶段在内。因此，这是一个很大的机构，是一个复杂的机构。在整个系统完成时应有技术人员 6 000 人，其中有副博士水平以上的人员 500 ~ 600 人。这个单位可以名为航空设计院，直接在领导机构之下，其组成部分为：空气动力学研究所、材料研究所、燃料研究所、结构研究所、火箭推进机研究所、冲压推进机研究所、透平推进机研究所、控制系统研究所、运用研究所、设计局、试制工厂、试飞站。”

钱学森的许多建议，在国防部五院成立时得到了采纳。由于拥有五院和中国科学院力学研究所双重身份，他担任力学研究所所长期间，力学研究所承担了大量导弹方面的基础研究与设计任务，以及人造卫星的初步规划、设计工作，为中国导弹与航天的发展做出了贡献。钱学森也有效地协调了国防部五院和中国科学院之间的分工与协作，大大地提高了效率。郭永怀作为力学研究所副所长，也从此深深地参与到中国的导弹与航天事业之中，并成为重要的奠基人。

1958 年，中国科学院成立了我国第一个卫星小组——581 任务组，把研制卫星列为科学院当年的第一项重大任务。不久，聂荣臻召集专门会议，责成中国科学院和国防部五院负责人张劲夫、钱学森、王诤等，组织有关专家拟定人造卫星发展规划。聂荣臻还特地邀请张爱萍、罗瑞卿、钱学森等人，在国务院办公厅召开专门会议，研究卫星计划如何起步。

按照任务分工，中国科学院在北京香山饭店组织钱学森、赵九章、郭永怀、陆元九等专家负责拟定《发展人造卫星规划（草案）》。会上大家讨论了研制卫星的技术途径、运载火箭的发展趋势，并对发射卫星的可行性进行了深入讨论。钱学森在综合分析大家的意见后，提出了“三步走”的规划设想：第一步，发展探空火箭；第二步，发射一二百公斤重的卫星；第三步，再发射几千公斤重的卫星。

中国科学院很快落实了组织与业务领导，力学研究所所长钱学森任581组组长，地球物理所所长赵九章和党委书记卫一清任副组长，成员包括各有关所的主要领导。581组专门负责研究我国人造地球卫星的问题，并负责领导、规划、协调581任务。中国科学院计划建立三个设计院：第一设计院（代号1001），负责卫星、运载火箭总体设计，由钱学森主持，力学研究所负责筹建，郭永怀任院长，杨南生任副院长。第二设计院（代号1002），负责控制系统研制，由自动化所承办筹建，吕强任院长，陆元九、杨嘉墀、屠善澄等为学科负责人。自动化所抽调科研人员成立了三个研究室，1958年11月借用红山口军事科学院部分房舍开展工作，翌年由于任务调整又搬回自动化所。第三设计院（代号1003），负责探空仪器研制和空间环境的研究，由地球物理所承办筹建，赵九章、钱骥担任科学技术领导。

1958年8月，依据581任务中国科学院在力学研究所成立了第一设计院，负责人造卫星所需运载火箭的总体设计。其下设总体设计部、发动机部、风洞部和非标准设备设计部等，由郭永怀任院长、杨南生任副院长。

从1958年开始到1966年“文革”爆发，力学研究所在火箭、导弹与航天领域开展了大量基础研究、应用研究与型号研制，取得了许多突破性成果，为中国导弹与航天事业做出了重大贡献。郭永怀作为力学研究所的主要负责人之一，领导并亲自参与了相关科研组织管理工作，并为此做出了重大贡献。

在郭永怀和钱学森的领导下，力学研究所在20世纪60年代中期以前，在人造卫星总体设计、探空火箭设计、氢氧火箭发动机研制、轻型地空导弹研制、反导系统研究与设计等方面，都取得了很大的突破和进展，为国防部门研制导弹和人造卫星奠定了重要基础并提供了宝贵的研究资料。郭永怀在上述方面都付出了极大心血并做出了重大贡献。

郭永怀任院长的第一设计院，以力学研究所为依托，最初的任务是研制发射卫星的运载火箭。在钱学森和郭永怀的领导下，力学研究所行动最快，它负责筹建的第一设计院于1958年8月21日宣告成立。很快，第一设计院就拿出了成果。他们夜以继日，只用了两个月的时间就完成了运载火箭结构的初步设计。581组与院内外31个单位通力协作，做出了两种探空火箭的头部模型。

但是，第一设计院完成技术设计仅仅是最初步的任务，技术设计要和工厂结合，要进行工艺加工，还要开展大量试验。而中国科学院力学研究所当时的条件不能满足加工和试验的需要。中国科学院和581组领导想到当时上海工业基础相对较好，就想将设计院南迁上海。1958年10月底到11月初，钱学森和设计院副院长杨南生等带领几个年轻人来到上海，和上海有关部门洽谈具体落实的事情。当年11月，第一设计院奉命正式迁至上海，更名为上海机电设计院，受中国科学院和上海市双重领导，中国科学院委托力学研究所代管，院长仍是郭永怀，常务副院长仍是杨南生。上海市委决定将最繁华路段上的淮海中路 1146 号淮中大楼给设计院使用，设计院大部分人员的住宿都安排在衡山路一幢宿舍楼里。

郭永怀任院长的第一设计院和上海机电设计院的火箭研制工作，拉开了中国实用火箭探空发展的序幕，为我国空间科学技术发展做出了开创性贡献。

1958 年 11 月，第一设计院一分为二。为了依托上海技术和工业力量研制火箭，力学研究所决定将火箭总体与发动机两个部的人马迁往上海，与上海市合作成立了上海机电设计院。第一设计院其他两个部——推进剂部（代号 121 部）与试车台部（代号 130 部）人员留京成立怀柔试验基地，它的任务是探索和开发用于远程火箭的高能液体推进剂和发动机。这两个部由力学研究所 134 办公室直接管理，办公室负责人为林鸿荪与林盛梓，下设办公室与技术处。技术处负责整个技术工作，下设推进剂、机械、电气与土建 4 个专业组，承担整个基地试验系统的设计与筹建工作。这两个部的人员从西苑饭店搬到力学研究所老楼（后改为文学所办公楼）办公。1959 年秋，力学研究所成立了二部，包括 11、12、13 室，原怀柔基地的科技人员全部归入 13 室。此时各分院来的协作人员陆续返回原单位，所里给 13 室补充了一批 1959 届大学毕业生。于是，力学研究所开始筹建怀柔试验基地（简称“怀柔基地”，有时称 13 室或力学研究所分部、怀柔分部、二部等），对外称为北京矿冶学校。林鸿荪为矿冶学校业务负责人，所级层面的主要负责人是郭永怀。

力学研究所怀柔基地于 1958—1966 年在氢氧火箭发动机、451 小型地空导弹以及 6405 工程方面开展了大量理论研究、型号设计与试验研究。作为力学研究所副所长和怀柔基地的主要负责人，郭永怀在三大项目中都发挥了主导作用。[1]

研制打击低空飞行目标的武器对于当时处于越南战争时期的中国来说，显得尤为重要。为了能尽快投入越南战场使用，中央专委和中国科学院要求，用两年左右的时间研制出一种由战士肩扛的小型超低空地空导弹。这个紧急任务的总体单位落在中国科学院力学研究所后，又进一步落实在怀柔分部。这种导弹被命名为“541”，是因为1965年5月4日在五机部（即兵器工业部）机械科学研究院召开了一次专门讨论会，与会同志一致同意向中央专委报告把研制单兵操作背负式发射的超小型地空导弹列入武器研制系列。为了取一个代号，郭永怀说：“今天是五四青年节，又是五机部和中国科学院的第一个重大合作项目，就叫‘541’吧。”于是“541”任务便由此而来。[2]

1965年6月中旬，“541”任务得到中央专委的正式批准，将地空导弹列入国家重点武器研制计划。中国科学院把该项任务作为当年全院第一号任务，于1965年7月成立了领导小组、总设计师组和541办公室，以做好领导与协调工作。郭永怀被任命为总设计师组组长，林鸿荪、屠善澄和顾以健被任命为总设计师组副组长。

在541任务中，郭永怀一再强调，“541的任务压得很重，我们应当完成，但不能光搞这个，一定要抽人搞基础研究”。出于对国家任务的责任心，郭永怀针对大家提出的各种意见，总是做耐心细致的思想工作。[3] 他一方面动员大家尽力而为，另一方面又要求大家以严谨科学的

1　满宁，齐琪．探秘祖国心脏的火箭试验基地［J］．保密工作，2017（9）：58−60.

2　眭璞如．541战术导弹的研制［M］// 科学时报．请历史记住他们：中国科学家与“两弹一星”．广州：暨南大学出版社，1999：223−229.

3　屠善澄．记郭永怀先生二三事［M］// 李家春．高山仰止　大爱无疆：我们心目中的郭永怀和李佩先生．北京：科学出版社，2013：130−131.

中国科学院力学研究所郭永怀雕像（李成智摄）

态度仔细做好工作。后来，541 任务进展很快，郭永怀功不可没。

在相关部门开展技术论证和制订工作计划的基础上，反导导弹工程正式启动。1964 年 8 月，中央专委将研制反导弹武器系统列为国家重点项目。1965 年 5 月 10 日，中央专委发出通知，要求四机部、五机部、七机部、中国科学院等单位把研制反导弹武器系统纳入本单位年度工作计划和长远规划。1966 年，七机部下发通知，研制反导弹武器系统的整个项目代号为“640 工程”。[1] 至此，反导弹武器的研制开始投入大量的人力、物力和财力。1967 年 9 月，聂荣臻在向中央提交的《关于国防科研体制调整改组方案的报告》中，建议将七机部二院改组为“反

1　吕成冬．毛泽东和钱学森“有矛必有盾”的谈话与我国反导武器的研发［J］．毛泽东研究，2017（2）：54—59.

导弹反卫星总体研究院”，专门从事反导弹武器的研制工作。[1]

640 工程的 5 个分系统分别涉及识别、雷达、导弹、控制等部分，其中第五分系统即 6405 工程属于基础性研究。进攻性导弹弹头再入大气层时一般都在高超声速范围内，这时弹头周围伴随着一系列异常现象：空气发生离解，弹头的保护层烧蚀，引起发光、发热并辐射电磁波。这些现象本身还会发生电磁波与弹体相互作用、电磁波与等离子体相互作用、等离子体与光辐射相互作用等，宏观现象非常复杂。6405 工程就是开展导弹再入物理现象的研究，目的是解决导弹弹头再入大气层的识别问题，为拦截入侵导弹提供预警情报和数据。郭永怀还给 6405 工程起了一个十分形象又有利于保密的名称：“大气现象学”。[2] 1965 年 8 月 27 日，中央专委第十三次会议下达关于反导弹防御系统的研究任务。中国科学院党组经研究决定由力学研究所、物理所、电子所和地球物理所合作研究，并于 10 月 5 日正式下达 6405 任务，确定由力学研究所抓总，郭永怀始终领导着这个项目。[3] 由于这个项目理论与实践并重，郭永怀对此非常重视，并亲自草拟了给中国科学院的报告和该项目十年规划。[4]

1966 年 6 月，郭永怀向中国科学院党组提交了关于“632”项目（该项目后改为“6405”项目）的十年规划报告。他指出：“为了使我们的弹道导弹不被敌人防御武器摧毁，使我们自己的弹头能突破敌人

1　聂荣臻．聂荣臻科技文选［M］．北京：国防工业出版社，1999：616–619.

2　纪家驹（中国科学院力学研究所）访谈记录，1987 年 5 月 21 日。

3　王柏懿．郭永怀先生和力学所航天研究工作［M］// 李家春．高山仰止　大爱无疆：我们心目中的郭永怀和李佩先生．北京：科学出版社，2013：125–129.

4　魏叔如．郭永怀与我国导弹弹头再入气动物理研究［M］// 郑哲敏．郭永怀先生诞辰九十周年纪念文集．北京：气象出版社，1999：33–35.

的防御，我们必须开展研究，为设计新型弹头提供技术资料，这种研究也同时为我们拦截敌人的弹道导弹奠定重要的基础。”他还进一步说明：“防御导弹与防御飞机一样，重要的是及早发现和准确跟踪目标。只有做到这一步，才能最有效地发挥截击武器的威力。发现目标的线索有两个，一是弹头对电波的散射，二是弹头的发光特征。但是在攻击时，我方一般是采用多目标的手段。这里当然有可能每个目标都是真弹头，但大多数情况下是一个真弹头伴随着许多假弹头，以造成防御的困难。因此，我们应当把研究工作集中在弹头飞行时所产生的各种特征上，以便识别真假弹头和为制造假弹头提供依据。近十年来，国外对弹头飞行的物理现象已经进行了不少研究，但是由于这些现象的复杂性，问题还远未解决，我们必须在这个基础上，大力开展这方面的工作。”关于具体任务，他写道：“针对弹头在中段和再入段所产生的电波与弹体作用、电波与等离子体的相互作用、高温气体的性质和光辐射以及运动的特征现象开展研究，作为第一步目标。为此可先从五方面进行工作，即高温气体的性质及辐射的研究，电磁波的传播及微波技术的研究，等离子体基本性质的研究，高空物理研究，气体动力学及电磁流体力学研究。为配合理论工作的开展，应积极开展实验研究，现在还没有实验室的应积极筹建或扩建。”

郭永怀意识到，640 工程应当是一个长期任务，在初期探索中研究队伍不宜过大。他写道：“一般说，两三年内队伍不宜过大，主力军一般不超过 50 人。考虑到研究课题的探索性强，每方面的工作最好由在理论和实验方面都要具有较高社会主义觉悟且业务水平在副研究员以上的人员参加，作为推动工作的骨干。如果我们有由十几位这样水平的骨干组成的队伍，我们的研究力量即使薄弱，也能使研究工作较顺利地向前发展……5 年后参加整个任务的研究人员，应不少于 500 人，在第四个五年计划期间，可以考虑在三线成立高速、高温物理研究所。”[1]

郭永怀在报告中一共列出了 5 个中心问题、21 个课题（后来在他的主持下，经过修改扩充为 9 个中心问题、33 个课题）。力学研究所是 6405 任务的抓总单位，郭永怀和其他领导一起调整了力学研究所的科研布局，从十一室抽调激波风洞组、电弧加热器组、高速气动传热组以及四室高温气体组共 60 余人参加 6405 任务。他作为工程总体组组长，身体力行，亲自领导电弧风洞、弹道靶和高温激波管等实验设备的筹建工作，组织开展相关理论课题研究。这些工作为 20 世纪 90 年代我国第二代战略导弹研制过程中突破“黑障”难题奠定了坚实的基础。

郭永怀不主张就任务搞任务，他认为应当从任务本身提炼基础课题，在完成任务的同时，做好理论与技术储备。在他的指导下，研究组的同志提出了一些弹头再入物理现象的理论研究课题，并取得了一批研究成果，这些成果后来移交给了七机部，为七机部的同类工作奠定了基础。值得指出的是，经过几年的实际研究工作的锻炼，涌现了一批专门人才，这当中有许多人后来调到七机部组建的研究所，成为这个所的一支重要力量。

郭永怀不仅是 6405 工程的领导者与组织者，还是直接参与该项目的科研人员。他就该工程提出了许多有价值、富有前瞻性的思想。在任务初期，郭永怀意识到，既然我们要识别敌人的弹头目标，那么对方同样会识别我们的弹头目标。于是他提出，鉴于我方突防（反识别）的需要，将来的烧蚀材料中会加进一些“作料”（即添加剂，“作料”是郭永怀的原话），以达到使敌方真假难辨的目的。为了弄清这些“作料”的作用机理，需要建一个电弧加热的试验装置，他特别强调这是

1　李家春，戴世强．郭永怀传［J］．编务通讯，1985（5）：14.

一个专用“装置”，不是电弧风洞，功率不一定很大，但气流必须很干净，测量设备必须很齐全。在当时那个特殊的年代，他的设想未能实现。直到 1975 年，科研团队在承担再入通讯中断研究课题时，在吴承康的支持下，郭永怀当年设想的那种电弧加热器才开始建设。事实证明，正是这种“装置”在后来的再入通讯中断的化学减轻技术研究中起了关键的作用。“文革”时期，在科研上有人头脑发热、急于求成。1967 年冬，有人提出搞目标识别，单搞气动物理研究已不够“劲”，必须要研制真假弹头识别装置的“模样”；还有人提出，在再入段识别，拦截已经太迟，必须在中段就识别和拦截，因此，再入气动物理研究已无必要进行了。对于这些言论，郭永怀不仅在学术上，而且在政治思想上做了大量细致的工作。他说，“模样”问题是学术问题，各人有各人的学术观点，但“模样”是离不开气动物理研究这个基础的。关于要在中段完成目标识别和拦截任务的观点，他认为能够做到固然很好，但单有愿望，没有踏踏实实地工作，愿望将仅是美丽的肥皂泡。他告诫研究室、研究组业务负责人，这一点大家必须头脑清醒，不然是要吃大亏的。

由于郭永怀特别强调从任务中提炼理论研究课题，因而不少人担心会横遭“理论脱离实际”的指责。郭永怀说，解决型号中的近期需要是为生产服务，设计师现在没有提出但将来要提出的要求，你们提前想到了，做到了，这是一种更高级的为生产服务。他又说，你们搞再入气动物理理论计算研究，要有知识积累，无论如何你们要从头到尾算一遍，要有第一个循环，这样才谈得到深入，才谈得到改进，然后才有第二个、第三个循环。郭永怀的这些思想既考虑到了眼前的项目，又对未来研究（或任务）提出了前瞻性课题，充分体现了他的高瞻远瞩和远见卓识。

郭永怀对实验设备的研制和改进也提出过具体建议。1966 年物理所建设的 I 号小型超高速弹道靶在原设计中，因二级轻气炮的几何参数和结构设计不尽合理，再加上发射参数选取不当，导致模型发射速度一直上不去。1967 年 4 月，在 6405 工程第二次工作会议上，郭永怀了解到上述情况后，当即建议让懂气动的同志加入试验组，以便从气动角度选择最佳发射参数，把二级轻气炮性能调上去。他还认为，从长远角度看，一座小型弹道靶是不够的，他力主在搞好小型弹道靶的同时应积极筹建大中型弹道靶。1968 年初，在他的主持下，6405 工程总体组决定报请上级批准建设大型弹道靶，与此同时组成了由力学研究所和物理所有关人员参加的调研设计组。由于这个组充分发挥了各自的优势，很快（1968 年秋）就拿出了初步设计方案。可惜的是，在 1969 年 4 月进行正式方案论证时，郭永怀已因公殉职 5 个月。所幸的是，钱学森参加了这个论证会，并在他的建议和协调下与上海重型机器厂组成了二级轻气炮联合研制小组，最后调试到 5 200 m/s 的发射速度并完成了弹头硬回收方案的试验研究。

中国的导弹弹头再入气动物理研究走过了一条曲折的道路，郭永怀无疑是这条道路上的开拓者和先行者。他精心组织的研究队伍、细致安排的研究课题、超前谋划的实验设备以及取得的一批研究成果，包括再入通讯中断研究以及空防气动物理研究取得的成果，后来都在其他部门得以延续并得到进一步发展。几十年来，国内的弹头再入气动物理研究工作正是沿着郭永怀所规划的这条路径进行着。我国弹道导弹空防技术的突破，也凝聚着郭永怀的心血和汗水。

魏叔如在《郭永怀与我国再入物理现象研究》一文中提到：“国际著名空气动力学家、新中国空气动力学研究的奠基人之一郭永怀教授以其艰苦卓绝的工作为我国空气动力学的发展和尖端武器的研制做出了不可磨灭的杰出贡献。导弹弹头再入物理现象研究，仅是他组织倡导的众多具有远见卓识的科研项目之一。”

郭永怀在研制人造地球卫星和发展我国航天事业的早期做出过很大贡献，主要包括以下八个方面：第一，积极倡导发展我国的卫星和航天事业。第二，参与研究制定我国航天事业发展规划。第三，亲自参加重大技术课题的组织与研究工作。第四，参与组织中国科学院人造卫星本体（包括返回式卫星）的设计与研制工作。第五，在力学研究所组织开展了与返回式卫星相关的理论与实验课题研究。第六，郭永怀作为力学研究所的主要领导人，参与了卫星研究与设计，并且该所大量从事基础性研究课题的科研人员后来划归到新成立的空间技术研究院，为东方红一号卫星上天和返回式卫星的发展做出了直接贡献。第七，郭永怀曾经担任院长的第一设计院及上海机电设计院开展了中国早期探空火箭研制与运载火箭方案设计工作。这两个设计院几经演变，第一设计院成为中国空间技术研究院北京空间机电研究所。该所网页上将郭永怀列为该所第一奠基人。第八，他和钱学森同为中国空气动力研究与发展中心（29 基地）的创始人和奠基人，该中心后来发展成为中国航空航天型号研制的重要研究试验基地和支撑机构。

郭永怀事迹陈列馆内郭永怀雕像（李成智摄）

第四章　培养人才要“言教、身教，以身教为主”

郭永怀主张，培养人才要“言教、身教，以身教为主”。在教学和科研工作中，他以身作则，凡是能自己动手的事情，都尽量自己动手。因此，即使他担任了领导职务，仍然经常同年轻人一道解决一个个具体问题，并对新技术、新知识孜孜以求。多年来，他对研究生、助手和年轻同志的指导总能细致入微，而不是空洞的、原则性的，更不会说外行话。他自己异常勤奋，也希望别人同样勤奋。在一次研究生招生中，两名考生成绩不相上下，他让人去调查一下，看看谁更勤奋就录取谁。

郭永怀深深地懂得，要使我国的科学事业兴旺发达，光有少数老专家是不行的，必须不断地培养成千上万的后继者。因此，他把培养年轻一代的力学工作者视为自己的神圣职责。他常把自己比喻为“一颗铺路石子”，让年轻人从他身上踩过去。他为培养下一代无私地贡献了自己的一切。

郭永怀在回国后的 12 年间，将主要精力用于开拓中国力学事业以及献身国防事业，同时，他还在力学人才培养领域和新兴学科建设方面做出过重大贡献。他参与并负责筹办清华大学力学研究班，为工程力学领域培养了一批急需的高层次人才；他在力学研究所致力于研究生培养，花费大量精力推动研究生教育的制度化和专业化，其指导的研究生中有 3 位后来当选为中国科学院院士；他积极推动创办中国科学技术大学化学物理专业，为国内首创专业的课程建设、人才培养以及办学思想指明了方向。

郭永怀指导学生

甘当铺路石子

郭永怀的学生李家春回忆道，郭先生经常将自己比作一颗石子，甘愿为青年人的成长铺路搭桥。他说：“我们回国主要是为国家培养人才，为国内的科学事业打基础，做铺路人。”他对我们说：“现在我们的事业处于初创阶段，所以你们也要有铺路的思想准备，为后来者服务，创造良好的科研工作环境。或许要在一两代人以后才能真正在良好的条件下开展力学研究。”[1] 他还强调：“我们这一代，你们以及以后的两三代要成为祖国力学事业的铺路石子。”

郭永怀培养年轻人时，非常注重让他们在理论分析和实验研究两方面都得到提升。因为要真正取得成就、做出创造性成果，只偏重一面是不行的，尤其是在空气动力学前沿领域的研究。因此，郭永怀多次主张，新到力学研究所的大学生要先到实验室工作一两年，以提升他们的实验能力。

郭永怀极为重视力学人才培养过程中的理论修养。他在授课以及为研究生提供参考教材时，往往选用相关领域的经典名著，如普朗特的《流体力学概论》、施里希廷的《边界层理论》、朗道的《理论物理学》等。他为力学班授课时还组织翻译普朗特的《流体力学概论》，这部翻译教材于1966年由科学出版社出版。为让学生能够及时了解空气动力学领域的前沿进展，他还广泛参考国外教材和著作，自己编写了《边界层理论讲义》。

在郭永怀身边工作的学生、助手和科研人员深深感到，他们的点滴

1 李家春，戴世强．郭永怀传［J］．编务通讯，1985（5）：14.

进步都是在良师郭永怀的心血浇灌下取得的。许多研究成果是基于他的一些想法推演而来。他们的每一篇学术报告和论文都经过郭永怀细心地批阅，有时几乎是逐字逐句地修改。因此，每当他们写研究报告和论文时，总要署上郭永怀的名字。但他一见到学生在论文上署他的名字，便马上用红笔勾掉。这些同志总觉得过意不去，所以在发表的论文末尾，他们往往这样写道："本文是在郭永怀同志的直接指导下完成的，在此谨向他表示衷心的感谢。"郭永怀对学术问题要求严格，但对名利却淡泊以待。他回国后，在进行科研规划、科研管理的同时，也开展过不少研究，特别是指导研究生开展研究工作，但他在国内发表的论文极少。笔者所能查到的郭永怀的学术论文，除了在国外发表的一系列高水平论文外，在国内仅发表过一篇综述性论文《现代空气动力学的问题》。由此可见，他在回国后的12年间，将全部精力都投入到整个国家的科学技术事业中，而不是个人的自我发展。

李家春是郭永怀招收的优秀研究生之一。他于1962年毕业于复旦大学力学专业，由于对流体力学十分感兴趣，便报考了他心目中的空气动力学大师郭永怀的研究生。结果他和戴世强一同被录取。

郭永怀常常对研究生说："天才是没有的，关键在于刻苦学习。"他在国外从事研究以及在国内组织科学研究的过程中，都给研究生们做出了表率。正如钱学森所说："……我们也许看不到的是他刻苦的功夫，呕心沥血的劳动。"郭永怀的言传身教使研究生们终生不敢怠慢，无论在什么时候，即使是在"文革""劳动""下放"时，他们也能见缝插针地学习，收获颇丰。[1] 2003年，李家春当选为中国科学院院士。

---

1 李家春．遵循先生教诲，培养青年人才：研究生往事回忆［Z］// 中国科学院力学研究所．郭永怀先生诞辰一百周年纪念文集（非正式出版物）．中国科学院力学研究所，2009：38-41.

1980年，李家春在中国科学院研究生院（现为中国科学院大学）兼职。此后40年间，他为研究生讲授过多门课程，包括《数学物理中的渐近方法》《高等应用数学方法》《环境流体力学》等。2017年，他又为本科生开设了一门独具特色的专业必修课——《工程科学概论》。他特别重视学生对基础理论的掌握情况，以及论文选题的确定。他说：“我指导学生的方式，就是从郭先生那里学来的——先充实基础，再参加研究，磨刀不误砍柴工。”只有基础夯实了，再参与国家重大科技任务，才能事半功倍。“这样的训练，让我后来能适应多个领域的研究，受益终身。”一位学生感慨道。

铺路石精神给郭永怀的弟子们留下了深刻的印象，成为这些后来者一生中受益不尽的精神源泉。戴世强专门撰文《铺路石精神，照耀人生道路的明灯》，文中写道：“作为他生前的研究生，我永远深切地怀念他，永远真诚地奉他为我的人生楷模。”

戴世强对第一次见到郭永怀的情景记忆犹新。1962年10月4日，北京一个阳光明媚的秋日，郭永怀约见了戴世强和李家春。在走进郭永怀的办公室之前，这两位学生都感到有些忐忑不安，毕竟这是他们第一次见到这位举世闻名的大科学家。见面后，郭永怀亲切随和，脸上挂着后来大家都常见的“标准”笑容，这才让两位学子的心情放松下来。那天，稍微寒暄几句后，聊天内容马上切入正题，郭永怀谈起了两位学生的学业，他要求他们要懂得力学，懂得科学方法论，要尽快投入力学研究。戴世强回忆说，“他语重心长地对我们说‘我们这一代，你们及以后的两三代要成为祖国力学事业的铺路石子’。”当天谈完话，郭永怀还给两位学生推荐了两本必读的英文书。

郭永怀的这番话给戴世强和李家春带来了很大的震撼，50多年来，他俩一直牢记在心。从那时起，戴世强决心以此作为照耀自己一生的指

1956年9月郭永怀（左）李佩（中）在回国的船上

路明灯，兢兢业业地当好铺路石子。他说，要当好铺路石子，首先要学好导师所代表的科学家精神，时时处处为科学事业尽心尽力。同时，在自身努力的过程中，也要带动身边的年轻学子，全力颂扬和传播郭永怀精神，引导更多的新一代循着大师的足迹前进。

规划系统教学体系

回国后不久，郭永怀就与周培源、钱学森、钱伟长等一起规划了全国高等学校力学专业的设置，组织领导了全国三届力学研究班。郭永怀亲自指导的 8 位研究生中，有 3 位成为中国科学院院士。

中国科学技术大学化学物理系在国内是首创，郭永怀兼任系主任。化学物理学是一门化学、物理学的边缘学科，它研究的是化学水平上的物理学。当时成立该系的目的主要是服务国防科研，特别是研究火箭所需要的各种液体和固体燃料。郭永怀在担任系主任期间，非常强调办教育要适应国家建设和科学技术发展的需要。建系之初，郭永怀亲自为化学物理系制定了培养目标、办学方向和教学体系。为适应我国“两弹一星”工程科技发展的需要，系里设置了物理力学和高速化学反应动力学两个专业，培养从事高温、高压、临界条件下物性研究和与火箭及航天有关的燃烧爆炸中的化学反应研究方面的人才。之后，随着爆震物理人才需求的增加，1962 年郭永怀又在系内筹建爆震物理专业。他从中国科学院物理研究所挑选辛厚文到化学物理系筹办爆震物理专业，亲自为辛厚文单独授课，并派他赴西安五机部三所进修一年。1963 年，辛厚文回校后编写爆震物理讲义，建立爆震实验室，培养出一批爆震物理专业的毕业生。

郭永怀关心教学计划的安排，重视教学方法和学生的学习效果。对于系里的教学计划，郭永怀总是细致地批阅并提出建议。他非常重视学生的基础课学习。他认为大学低年级阶段至关重要的是打好基础，这样以后的进步才会加快。学生在进入高年级时，就要注意新知识的学习。因此，他有计划地安排学生到有关研究所实习，让他们及时了解科研部门的最新成果，了解科学前沿的重大课题，尽早接触到科研实际，提高他们的学术素质。对于学生的毕业设计，他也有意识地安排在研究所里进行，以便让他们在实际科研工作中得到锻炼。

郭永怀为化学物理系学生设置的基础课程中有 6 个学期的高等数学和 4 个学期的普通物理课，还有无机化学、分析化学、有机化学、物理化学 4 门化学课，可见基础之厚实。郭永怀的教育理念一直十分坚定，他重视让学生打好基础。在“文革”之初，正是所谓“教育革命”时期，极“左”思潮将打好基础的教育思想看作“教育脱离实际”的表现，高等教育被降低到“训练班”的水平。面对这种错误思潮，郭永怀坚持扎实基础的信念毫不动摇。他在与化学物理系教师座谈中强调：“基础一定要打好，即使工科专业也不能只学流程，也要打基础。”因为现代科学技术发展很快，等学生毕业时，有些流程可能已经过时，但所学的基础知识仍有用。当时，在一旁的教师马兴孝不无顾虑地提出，现在还注重基础，别人该指责我们培养了“万金油”人才！郭永怀对此风趣地回应道：“对，对，就是要‘万金油’，就是要‘万金油’，我还没有想到这个词儿呢。”

中国科学技术大学化学物理系由力学研究所和化学所共同建设，化学所所长柳大纲担任该系副主任，钱学森还亲自给化学物理系学生讲授物理力学课程。化学物理系的毕业生凭借其特殊的知识结构，在国内外多个研究领域显示出他们的出色才能。在国外，化学物理人才通常只在研究生阶段加以培养，而在本科阶段培养化学物理人才可以说是郭永怀、柳大纲、钱学森等老一辈科学家们在人才培养上的一个创举。化学物理系的教师们一直坚持三位老一辈科学家开创的办学方向。尽管组织机构几经变化，但办学方向和宗旨始终不渝。“文革”初期，郭永怀曾语重心长地嘱托化学物理系的教师们：“化学物理方向一定要坚持下去，化学物理在我心中占有重要位置，不管行政组织如何变化，化学物理的旗帜不能倒。”此后，系、室体制又有多次调整。1993 年，近代化学系的系名被恢复为化学物理系。在多年的教学实践中，化学物理系始终遵循首任系主任郭永怀的教诲，将化学物理这一交叉学科的教学要点凝练为“数理化并重”的课程安排原则，并确立“化学与物理相结合，宏观与微观相结合，基础理论与工程技术相结合”的办学指导思想。[1]

1993 年，中国科学技术大学化学物理系设立了“郭永怀、柳大纲化学物理奖学金”，以奖励化学物理系的优秀本科生和研究生。2003 年，在庆祝该校建校 45 周年之际，中国科学技术大学原外语教研室主任、郭永怀的夫人李佩教授向学校捐赠了郭永怀的“两弹一星”功勋奖章，并设立了“郭永怀奖学金”。2008 年，李佩将她的毕生积蓄 30 万元捐赠给了学校，该款项已纳入郭永怀奖学金。化学物理系也将所留存的化学物理奖学金一并归入学校的郭永怀奖学金体系之中。这些举措是对郭永怀及其夫人李佩先生最好的纪念。

1　辛厚文，马兴孝，俞书勤，等．郭永怀的教学思想与科大化学物理系［M］// 李家春．高山仰止　大爱无疆：我们心目中的郭永怀和李佩先生．北京：科学出版社，2013：213–216.

培养大批科技人才

1958年春，郭永怀和钱学森一起提议：为培养我国未来的航天科研人员，成立星际航行学院。此提议经中国科学院上报中央，获批准后，决定成立涵盖各重要学科和边缘学科研究的中国科学技术大学。郭永怀担任中国科学技术大学化学物理系主任，为该系的创立操劳筹划；同时，他还在该校的近代力学系开课，讲授边界层理论；他亲自带研究生，培养助手，指导一批青年搞研究工作。他循循善诱、诲人不倦，以博学的学识和出色的指导艺术，以他的全部热情和关怀，为祖国造就了一大批优秀人才。

郭永怀的学生李家春在《遵循先生教诲，培养青年人才》一文中讲到，20世纪90年代以后，我们自己也开始带研究生，先生当年培养学生的考虑和方式成为我们的榜样。我们总会给研究生充裕的时间学习基础课、专业课、交叉学科知识，同时将论文题目紧密结合工程中的科学问题，着重培养独立工作能力，这样做取得了较好的成果。90年代末，我担任了研究所学位委员会的工作，与大家一起讨论，建立了具有一定特色的课程体系，包括综合基础课、连续介质力学、热力学与统计物理、高等应用数学等课程，建立了开题、进展等考评制度，为提高研究生培养质量发挥了一定作用。尽管今天我们拥有的先进计算与实验手段是当年不可比拟的，但是决不可以因此削弱基础和专业知识的学习。因为如果没有力学、数学、物理乃至交叉学科坚实基础的支撑，就不可能取得有原创性的成果。

然而，国内科学技术发展急需的力学人才难以在短时间内培养出来，“十二科技规划”提出的力学人才目标也难以在规划时间内实现。

因此，以钱学森为首的力学发展领导小组提出了两条建议：①在若干所大学设立力学专业。清华大学成立的工程力学数学系即便当年招生，学生 5 年后才能毕业，缓不济急；②从 1957—1958 年起，在重点工科院校的毕业生中挑选优秀者，举办工程力学研究班。高教部采纳了上述意见，在支持重点高校开办力学专业的同时，决定在清华大学办高层次力学研究班。

1956 年 12 月，高教部向各有关高校发出了《工程力学研究班简则草案》。国务院根据科学规划委员会关于力学学科的规划建议，责成高教部与中国科学院合作，在清华大学附设两年制的工程力学研究班，其目的是对具有一定工程技术知识的人员施以力学的基础训练，每年计划招生 120 名，暂分固体力学和流体力学两个专业。力学研究班结业学员之中成绩优秀者，经原单位同意，可以继续进行副博士论文工作，需一年半到两年半的时间。根据国务院的指示，高教部与中国科学院在清华大学建立了工程力学研究班与自动化进修班（工程力学研究班办了 3 届，自动化进修班办了 1 届）。工程力学研究班由中国科学院力学研究所和清华大学联合承办，编制隶属清华大学。[1]

钱学森、郭永怀、钱伟长和钟士模等著名教授参加建班的最初工作，中国科学院张劲夫副院长大力推动了这一工程科学高品位人才培育工作。钱学森为这两个研究班的第一主持人。

力学班的培养目标定位为高层次师资和研究人员。当时虽然没有明确是否授予学位，但事实上部分是按照苏联培养副博士的模式进行的，学员们获得与研究生类同的经济待遇，所以要求各单位进行遴选，

1 余寿文．清华大学工程力学研究班的历史回顾与思考［J］．力学与实践，2011，33（6）：97–100.

以便培养。学生主要从大学本科即将毕业的理工科优秀学生以及从事工程基础研究和教学且有一定工作经验的研究人员和教师中选拔。

郭永怀、钱伟长、钱学森等应用力学家深知世界科学技术发展的趋势、特点和力学工作应遵循的原则。在筹建力学研究班的过程中，他们秉持理工结合的技术科学教育思想。这种教育重在传授理论和工程结合的原则和方法，目标是培养技术科学家或研究工程师。技术科学家不仅具有坚实的理论基础，还应真正懂得科学研究的方法；既精于理论分析和计算，又具有一定的工程经验。力学研究班在许多方面贯彻了这一教育思想，成为中国第一个培养技术科学人才的“力学试点班”。

在课程设置上，力学研究班主要开设应用数学与应用力学课程，如理论力学、固体力学（包括材料力学、弹性力学等）、流体力学及力学实验等。

钱学森根据国外航空航天工程发展的特点及经验，深知在这两大领域培养从事技术科学人才的重要性。因此，他亲自主持创办这两个研究班。力学研究班由钱伟长任首任班主任，郭永怀和杜庆华为副班主任。1957 年“反右运动”后，钱伟长不再主持力学班工作，由郭永怀接任力学研究班班主任一职，杜庆华为副班主任。于是，郭永怀继钱学森、钱伟长后开始主持工程力学研究班的工作。他每周一下午从中国科学院力学研究所前往清华大学杜庆华家中讨论教学及论文工作。研究班开始设在西直门外的中国科学院植物所内，与北京动物园毗邻，且二者相通。“反右运动”之后，清华大学校领导宣布工程力学研究班的班主任为郭永怀教授，办学地点也迁入清华大学校园内。

郭永怀在担任力学班班主任的同时，还亲自为学生讲授两门课程：流体力学概论和黏性流体力学。开课前，他把辅导教员找来，亲自带领他们到相关高等院校的实验室参观，就一些关键性问题给予一些启示，再让他们为课程安排实验计划，确保这门课能做到理论联系实际。这届研究班成员原来从事的专业各种各样，通过课堂学习和实验室实践，大家较快地掌握了有关知识。[1] 郭永怀一直坚持选用国际名著作为教材。在流体力学概论课程中，他与钱学森商量后，决定采用普朗特的名著《流体力学概论》作为主要教材，并着手组织将其译成中文。这本名著的最大特点是注重从对物理现象的观察出发，提炼出物理现象的数学表达式，而不是从抽象的数学概念出发来研究力学问题。郭永怀选用这本教材的用意，就是让学员学会这种研究方法。学员章光华说：“在这门课程中，郭先生只讲物理概念，很少在黑板上写数学公式，更不要说做数学推导了。对于讲授流体力学这门数学物理性质很强的课程，这似乎难以想象，但郭先生确实是这样做的。”[2]

担任首届力学班辅导教师的有10位，其中有来自上海交通大学的何友声。他回忆说：“我们辅导的第一门课正好是郭永怀老师教的流体力学概论，这对我们这批辅导教师来说是一次重大考验。郭老师选用普朗特的《流体力学概论》（*Führer durch die Strömungslehre*）英译本第三版作为教材，并基本上是按照该书的内容讲授的。这本书不愧为名著，它在阐明流体力学基本概念、物理意义、事物本质、启发思考、工程应用方面，没有哪本书可以与之相比，特别适合工程技术领域的初学者。这里举一浅例：在大学期间我就知道大气压的概念，但它到底代表什么物理意义，说实话，我是迷迷糊糊的。这本书使用一个很简单的空

1　李家春，戴世强．郭永怀传［J］编务通讯，1985（5）：13.

2　章光华．感怀读大学和研究班时老师的讲课风格［M］// 清华大学航天航空学院编辑组．固本求源创新，顶天立地树人：清华大学工程力学系发展历程．北京：清华大学出版社，2011：190−192.

气质量的垂直积分，不仅把问题阐述得一清二楚，而且让人浮想联翩。郭老师要求我们将它译成中文，印成讲义，发给学员参考。于是我们几个辅导教师做了分工，分段翻译，边讲边译，边印边发，力求跟上讲课进度。记得有一次，我们把个别难懂处的矛盾上交给郭老师，郭老师在课堂上对全体听课者说：‘这个问题如何理解，我也考虑了很久，今晨正好遇到钱学森，跟他讨论了一下。我们的共同看法是……供你们参考。’他的话给我留下深刻的印象，探究学问的浓厚氛围展现得淋漓尽致。考试前，郭老师出好了考题，要求辅导教师们先做一遍，看看有没有问题。我们就像模拟考试一样认真演习，其中有一个考题给我留下了难以忘怀的印象：一维激波在直管中行进，遇端壁反射，要求确定反射两次后波前波后的物理参数。这道题弄得我晕头转向，我几乎是靠连蒙带猜完成了答卷，没想到居然蒙对了结果。事后想想，这种题是很有启发性的。”[1]

流体力学方向的第四门课程是黏性流体力学，由郭永怀授课，刘应中等人辅导。这门课程采用了德国著名空气动力学家施里希廷（Hermann Schlichting，1907—1982）所著的《边界层理论》（*Boundary-Layer Theory*）一书作为教材。实际上，当时郭永怀还应北京大学的邀请开设了一门崭新的前沿课程——高速附面层。这门课程很受欢迎，连北京航空学院的陆士嘉等著名教授都坐在前排听讲，刘应中和何友声等几位辅导教师也去旁听。由于郭永怀是国际上这一研究领域的开拓者，他在课堂上介绍了自己的研究心得，使听众茅塞顿开，受益匪浅。

1　何友声．昔日的追忆［M］// 赵炳时，胡绍学．清华大学工程力学系成立暨工程力学研究班创办五十周年庆贺文集（1958—2008）．北京：中国建筑工业出版社，2008：73–74.

1958年，在中国科学技术大学讲授时，郭永怀还亲自编写了讲义《边界层理论》。这部篇幅不大的讲义，直到2008年才由中国科学技术大学出版社出版。郑哲敏院士在序言中对这部讲义给予了高度评价：“郭永怀和钱学森先生共同创建了中国科学技术大学近代力学系，积极倡导要在加强基础科学教育的同时，把同学们带到学科的前沿。

《边界层理论讲义》封面（李波提供）

“‘讲义’还体现了郭永怀先生一贯的严谨和精炼的作风以及求实的科学精神。在短短的100多页中，郭先生严密地论证和推导了边界层方程，讲述了湍流的基本特点及其在边界层方程式中的体现，介绍了基本的解法和典型解以及近似解法，指出了它们的适用范围。就其涉及内容的广度和深度而言，‘讲义’已经超出教材的范围而成为一本学习和随时参考的专著了。‘讲义’虽然撰写于40余年前，但即使在计算技术高度发达的今天，仍不失其作为重要著作的价值。‘讲义’是郭先生留给我们的一份重要遗产，相信它将受到广大读者的欢迎并进入我国科学家著作的宝库。”[1]

三届清华大学工程力学研究班培养的人才，经过毕业60余年的工作考验，证明这一培养制度是成功的。如果说郭永怀、钱学森、钱伟长等人是新中国力学领域的第一梯队专家，那么力学研究班培养的人才就

1　郭永怀．边界层理论讲义［M］．合肥：中国科学技术大学出版社，2008：序．

成为力学事业的中坚力量。

由郭永怀、钱学森和钱伟长倡导，郭永怀担任班主任的工程力学研究班的成功办学实践，为我国工程力学事业的发展奠定了坚实的基础，并对力学学科的发展产生了深远的影响，其科学思想和教育思想深刻地影响了中国许多重要大学的工程力学系的建设，也影响了这些大学的人才培养，催生和抚育了清华大学于1958年正式成立的工程力学数学系。力学研究班学员助教中的俞鸿儒、何友声、朱伯芳等，以及学员张涵信、谢友柏等日后都成为国内有突出贡献的工程力学专家。

郭永怀十分重视学生的研究工作，几乎每周都设法同辅导教员以及学员们碰头，了解学员们的研究进展情况，并帮助他们解决遇到的各种问题。最终，学员们的这些专题研究情况及部分成果在毕业前以报告的形式在力学班内部进行交流、讨论。在第一届毕业生中，张涵信的研究工作由郭永怀指导。同时，第一届力学班的辅导教师俞鸿儒考上力学研究所研究生，导师也是郭永怀。因此，他们二人成了郭永怀在国内的“开山弟子”。

张涵信在郭永怀授课和指导研究的过程中，深深体会到郭永怀的教学风格和学术风格。他说：“彬彬有礼的郭永怀先生，对力学工作十分严肃认真。他甚至连Supersonic翻译成超声速还是超音速、Euler的名字为什么翻译成欧拉等都很讲究。他主张读经典著作，认为普朗特（Prandtl）的时代是流体力学的丰收期。”普朗特是流体力学领域的权威，他的学识渊博、经验丰富，所著的《流体力学概论》内容全面且深刻，因此非常值得学习。后来我做他的研究生，他告诉我，气体力学应该学奥斯瓦提奇（Klaus Oswatisch，德国著名空气动力学家）的，理论物理应该学习朗道（Landau）的，这些都是经典的著作。最让我难忘的是他一次既生气又宽容、动情的谈话。情况是这样的：当时力学班正值第三届，清华大学正在进行教育革命。有些同志通过一些实验现象，比如向空中扔十字架，发现库达－儒可夫斯基定理难以解释，就认为这个定理不成立；观察到荷叶上的水滴能够自由移动，便断言N–S方程的边界条件是错误的；再者，有的同志因为设计部门表示飞机的阻力无法用边界层理论计算，就认为边界层理论没有实用价值。他们邀请郭先生来，原本希望郭先生能支持他们的观点，并与他们一同参与教育革命。我当时已经留校工作，因此作为旁听者参加了这次见面会。出乎意料的是，郭先生既生气又宽容地发表了他的看法。他说，他经常思考，一个新发现若要推翻既有理论，应该遵循以下步骤：第一，必须经过慎重的思考。你们提出的问题，没有经过深思熟虑，仅凭表面现象就下结论。第二，要有真正的胆识去进行研究。你们对荷叶上水滴的运动，是否真的敢于深入研究？边界层理论是一项伟大的发现，你们说它没用，看似很有勇气，但实际上并不是科学的勇气。第三，要有毅力。提出问题、研究问题，要有不弄清楚不罢休的决心，而你们并不是这样，只是凭借一时的热情和冲动。会后，我们私下讨论，都觉得郭先生关于如何做研究的讲解非常精彩。这也是我后来决定跟随他攻读研究生的原因之一。[1]

郭永怀和钱学森等杰出科学家从这届毕业生中精心挑选了优秀的学员，亲自指导他们从事研究工作。郭永怀单独指导的学员是张涵信。此外，他还与钱学森等科学家一起指导了一批学员，在力学研究所从事火箭设计和试验方面的研究工作，这些学员包括吕德鸣、潘先觉、郑兆昌、戴忠恕、朱毅麟、朱之墀、宋忠保、陈纪鸿、张如一、范本尧、陶

1 张涵信．力学研究班的一些回忆［M］// 赵炳时，胡绍学．清华大学工程力学系成立暨工程力学研究班创办五十周年庆贺文集（1958—2008）．北京：中国建筑工业出版社，2008：69–70.

乃堃、刘延柱等。[1] 他们中的一些骨干成员参与了我国第一个人造卫星计划——“581”工程。这批学员后来有多人被转到航空航天部门，成为我国航天领域的奠基人，为我国航天事业从无到有、从弱到强提供了人力基础和技术支持。

郭永怀给力学研究班讲授的两门课程给张涵信留下了很深的印象。当时也参加授课的潘良儒、孙天风曾在康奈尔大学跟随郭永怀从事高速黏性边界层研究。他们向大家介绍郭永怀的学术成就时说，郭永怀在跨声速流动上临界马赫数的研究及其 PLK 方法方面在国外有很大的影响，当时苏联边界层权威劳强斯基的教科书中，也十分推崇郭先生的 PLK 方法。郭永怀在教学中的理论严谨和重视物理分析的风范，使张涵信对郭永怀十分崇拜。所以，1960 年当清华大学推荐张涵信继续攻读研究生并请郭永怀担任其导师时，张涵信感到十分高兴。[2]

1960 年 3 月的一天，郭永怀叫张涵信去见他。当时张涵信的心情既高兴又害怕。见面后，郭永怀说，我找你来是为了谈谈你的研究方向。接着，他介绍了空气动力学的现状。他说，气体力学的发展有三个阶段：第一阶段是低速空气动力学，基础是牛顿力学；第二阶段是高速空气动力学，基础是牛顿力学加热力学；现在正处于第三阶段超高速空气动力学，基础是牛顿力学、热力学加物理化学，因为在这个阶段飞行速度高，气体的温度也高，会发生化学反应。郭永怀问张涵信想在哪个阶段做研究，张涵信立即回答在“第三阶段”。郭永怀说，我也是这样想的。首先你要做好三件事：第一，你要学习统计力学和

1　李欣欣，白欣．清华大学工程力学研究班（1957—1962）简述[J]．中国科技史杂志，2012，33(3)：331−354.

2　张涵信．难忘的记忆：怀念导师郭永怀［Z］// 中国科学院力学研究所．郭永怀先生诞辰一百周年纪念文集（非正式出版物）．中国科学院力学研究所，2009：38−41.

物理化学，清华大学物理系有位先生叫谢毓章，他知道谁开这两门课，你可以找他，说是郭老师请你帮忙安排。你不一定要学很多，但要打好基础；第二，现在国内俄文的资料较多，苏联在高速空气动力学研究上有大的进展，你在力学班通过了英语考试，看英文资料不成问题，你还应该学会俄语，我会请黄克智先生给予你帮助；第三，你要搞一个调研，就国外超高速空气动力学的研究状况及进展作一个系统的调研报告，提出未解决的问题，如果能展望一下前景会更好。接着，郭永怀与张涵信商议，用 9 个月的时间即到 1960 年 12 月完成这三件事。从初次接触可以看到，郭永怀对研究生的指导是何等具体，而且研究工作的步骤又十分清晰。

这次见面后，张涵信按照郭永怀的要求，逐一落实，并全力以赴地从事调研工作。当时国内俄文资料确实很多，所以张涵信也投入了很大精力学习俄语。1960 年年底，张涵信带着两门课的考试成绩、黄克智先生的评语和调研报告去拜见郭永怀，这次谈话很简短。郭永怀说：“课程完成了，我先看看你的调研报告，一个星期以后，你等通知再来见我。”10 多天后，郭永怀再次约张涵信面谈。郭永怀说张涵信的调研报告写得不错，但他做了修改。他从标题到文字都仔仔细细地做了批阅，3 万字左右的调研报告上满是密密麻麻修改的红字。郭永怀最后对张涵信说，你还要按我批的意见改一篇，分成引言、理想完全气体流动、混合理想气体流动、结论四大节。在第二节、第三节中再分若干小节，如尖体绕流、钝体绕流、细长体绕流等，以突出流动特征已取得的进展、存在问题及今后要做的工作。”他说修改完后再去找他。张涵信事后回忆说：“郭先生这次给我修改报告，对如何写论文起了示范和指导作用，是我写论文报告关键的一次实践。”

张涵信把报告修改完后，又去找郭永怀。郭永怀说，这次可谈谈你论文的具体题目了。现在，国外正在搞洲际导弹，其外形就是钝头细长体，飞行马赫数大于M20。他带有启发性地问张涵信："你想搞什么，是钝体还是后面的细长体？"因为张涵信在调研中已经考虑过这个问题，他回答说搞钝体绕流。郭永怀又说，搞钝体绕流，还是要先搞无黏性完全气体流动，然后搞有化学反应的问题。他强调要一步一步来，不能急于求成。此外，郭永怀还提到在研究方法上要有创新的思路，他建议张涵信回去好好思考如何进行研究。他鼓励张涵信，一旦有了想法，随时可以来找他讨论。

大约在这次谈话后半个月，张涵信带着关于钝头绕流的构思及存在的问题去请教郭永怀。张涵信汇报说，现在解决这一问题流行的方法是摄动法，以激波前后的密度比为小参数。虽然苏联和美国都采用了这一方法，但仍存在一些缺点。他们是用激波关系来估计各量与小参数的关系，其结果一级近似为布斯曼（Busemann，德国空气动力学家）离心力修正，二级近似在离前驻点很近的地方就出现了奇性，与实验不符。张涵信想用物面上的流动关系去估计各量与小参数的关系，他所得到的摄动展开式与苏联和美国的很不同，一阶近似为牛顿流，与实验很接近，比国外的方法好多了。但有一个问题，就是在激波附近的匹配出现困难。他说，不知这样的研究思路是否可行，还请郭先生指示。郭永怀听后，没有立即回答张涵信的问题，而是让他先回去，等待通知再来。第二天中午，郭永怀打电话让张涵信马上去见他。见面后，郭永怀说，你的做法应该从物理上考虑。气动力是作用在物面上的，当然用物面上的关系去估计各物理量的量级是好的，这就像钱学森所长在研究卡－钱公式时，用来流条件作切线近似比苏联人用驻点条件作近似好，至于激波条件的匹配，是否可引入自变量的一个变换，用新自变量的量级来匹配？郭永怀的这个建议是极为关键的，张涵信按照他的指导，引入了米塞斯（Von Mises）变换，并让此变换有一个恰当的量级，结果解决了激波条件的匹配问题。就这样，张涵信用新的摄动法对高超声速来流求出了 Euler 方程描述的钝体绕流的各阶近似，其结果与当时苏联的积分关系式数值计算结果非常一致，与实验结果也相当符合。

郭永怀对张涵信取得的研究成果感到非常高兴，叫他以此写成论文，并把此结果告诉了钱学森。随后，钱学森把这篇论文推荐到当时五院内部的刊物《研究与学习》上发表。1963 年初，郭永怀要求张涵信把此研究内容补充到调研报告中的钝体绕流一节，并缩减到 2 万多字，作为第一届全国流体力学大会的报告。当时由于缺乏投影设备，会议论文要求开会前印刷好。郭永怀亲自给清华大学杜庆华教授打电话，请他批准用铅字印刷此文。后来，这篇论文在 1963 年 12 月的《力学学报》上正式发表。[1]

与此同时，张涵信对高温化学反应的钝体绕流问题也做了研究，导出各级近似式，并完成了一级、二级、三级近似的数值计算工作。1963 年初，钝体绕流工作完成后，郭永怀让他继续研究钝头锥绕流锥身的计算问题，把钝头绕流的方法推广到其头部后的锥身区。郭永怀说，你的调研报告中已经提到，在锥体表面附近存在高熵层，研究这个问题，你应考虑熵层的影响。在郭永怀的指导下，张涵信把流场分成熵层和外层两个区域，然后求解，在此之前国外尚无人这样做过。相关论文《钝锥绕流的熵层问题》于 1965 年在《航空学报》上发表。[2] 郭永怀还指出，当钝锥的锥角很大时，锥体表面会出现压力回升现象，这将导致二次激波的形成，他指导张涵信用极限线的原理分析这个问题。这项研究的结

1 张涵信．近代高速气体动力学现状［J］．力学学报，1963（4）：249–286.

2 张涵信．高超声速运动中的熵层问题［J］．航空学报，1965（2）：20–43.

果，形成论文《二次激波形成的条件》，于1965年发表在《力学学报》上。[1]

张涵信先后在清华大学和中国科学院力学研究所攻读研究生，在郭永怀的亲自指导下，短短几年内就在高速空气动力学领域取得了重要成果。研究生阶段学习结束后，张涵信于1964年留校担任清华大学讲师；1972年进入第三机械工业部（航空工业部）第六研究院工作，先后担任风洞建设指挥部研究室副主任、中国空气动力研究与发展中心研究所副所长、计算空气动力学研究所主任、副总工程师、研究员；1990年晋升为专业技术少将军衔；1991年当选为中国科学院学部委员（院士）；1993年获得国家自然科学二等奖；1997年获得第一届周培源力学奖。他曾是中国力学学会和中国空气动力学学会副理事长。张涵信院士于2021年10月1日在北京逝世，享年85岁。张涵信用摄动法成功地解决了当时国际上难以解决的钝头体高超声速绕流及其熵层问题，发展了钝头细长体绕流的熵层理论，提出了高超声速流动中第二激波形成的条件；首次提出了判定三维流动分离的数学条件，并证明实际流动的分离线是极限流线，且周围的极限流线向它会聚，仅在边界层方程描述流动的情况下，分离线才有可能是极限流线的包络；发现了三阶色散项和差分解在激波处出现波动的联系；提出了建立高分辨率差分格式的物理构思，并建立了无波动无自由参数的耗散（NND）差分算法；建立了云粒子侵蚀和真实气体实验模拟的相似准则；为航天飞行器研制开发了大量数值计算软件。[2] 其成果为中国航空航天技术与工程的发展做出了重要贡献。

---

1 张涵信．高超声速运动中第二激波形成的条件［J］．力学学报，1965（4）：316–322.

2 赵炳时，胡绍学．清华大学工程力学系成立暨工程力学研究班创办五十周年庆贺文集（1958—2008）［M］．北京：中国建筑工业出版社，2008：39.

郭永怀指导张涵信从事学术前沿研究的事例，体现了力学研究班的办学特色，具有极大的借鉴意义。

1956 年，我国恢复建立研究生制度，郭永怀积极筹划力学研究所的研究生培养。1956—1957 年间，力学研究所录取了 23 名研究生。在第一批招生中，他一人就带了 5 名研究生，还包括助手，以后又亲自带过几批。由于郭永怀的严格要求和具体而细致的指导，这些年轻人很快成长起来。这些研究生后来大都成为我国力学领域的佼佼者，其中有 3 名（如果把助手考虑在内则至少有 5 名）当选为中国科学院院士，包括前面提到的俞鸿儒、张涵信以及李家春。

郭永怀的学生王柏懿说，在中国科学院力学研究所的许多老同志有幸在郭所长的带领下在近代力学的不同领域从事研究工作，学到了科学研究的方法，为推进我国科技事业的发展做出了贡献。他对自己的研究生俞鸿儒说，“要探索适合我国国情的超高速气动试验新途径，要做敢为人先的工作”；他对从事湍流研究的助手呼和敖德说，“多看看前人的实验结果，想想我们能不能探索出新的路子来”；他对从事电磁流体力学研究的年轻学子徐复说：“对一个课题要有自己的看法，不能听到别人一句话就随意上、随意下。”

郭永怀对力学研究所人才培养和研究生教育高度重视，也给予了极大关心和指导。在回国前夕，他就与同在康奈尔大学获得数学、力学和航空博士学位后留校担任研究员的谈镐生探讨过将来回国后如何培养学术接班人的问题。回国后，他始终把培养科技后继人才当作头等大事来抓。为此，他做出了极大的努力并取得了突出的成绩。清华大学工程力学班取得的成功，就有他辛勤工作的汗水。在力学研究所的人才培养和研究生教育中，他更是做了极大努力并做出了全方位的贡献。

第三篇

两袖清风　德厚流光

作为新中国的一个普通科技工作者，我只是希望自己的祖国早一天强大起来，永远不再受人欺侮。

家国梦，是中国人与生俱来的精神品质，深深影响着每个人的人生轨迹。郭永怀的一生，是中华优秀儿女家国梦的生动写照。从立下青云壮志初心始终不忘，矢志报效国家，到严谨治学以身作则勤奋终生，他感染着、影响着周边人乃至一代代后来者。从伉俪情深温情相守，写下人生挚爱温馨一笔，到永被怀念永被缅怀，成为这片厚土上汲取不尽的学识养分和精神乳汁。郭永怀来过，带着与生俱来的家国梦；郭永怀走了，其厚德永世留传，永远流光溢彩。

第一章　青云壮志　初心不忘

“在合适的时候我要回到祖国”。到国外读书，就应该回国来，为国家做点事。质朴的表达，内心是对祖国家园的深挚情感。捐献巨款给国家，是这种情感下让人难以置信，又无比自然的由衷之举。血肉之躯护资料，是为了祖国献出一切的崇高行为。郭永怀用灿烂而又短暂的一生，深深阐释了不忘初心。

永怀难忘家国梦

科学无国界，但科学家有自己的祖国。在美国，郭永怀进入美国国家航空咨询委员会，成为全球瞩目的科学家。他受邀进入美国康奈尔大学任教。一到康奈尔大学，郭永怀就被美国军方看中，力邀他参加军事方面的研究。很快，一张调查表放在了郭永怀面前，其中一个问题是：如果发生战争，你是否愿意为美国服兵役？如果答应了这个条件，可能会在科研上获得更加便利的条件。然而，郭永怀在调查表上填了“否”。此后，郭永怀还对校方声明，他来贵校是暂时的，在合适的时候他要回到祖国。

在新中国成立之初，一批批年轻人怀揣着报效祖国的拳拳之心，破除重重障碍，纷纷回到祖国的怀抱。正在美国康奈尔大学做教授的郭永怀也下定决心回国。周围有人劝他不要回到贫穷的中国时，他却说出了一句振聋发聩的话：“母亲穷是当儿子的没本事！”把祖国母亲的贫穷归结为自己当儿子的没本事，这是需要多么崇高的思想境界！“如此朴实的语言，如此直截了当的话语，是多么宽广的家国情怀。”

地球物理学家、中国科学院院士傅承义在《郭永怀纪念文集》中回忆，在美国时，“郭永怀这个人有非常强的民族自尊感”。“我们那时去的留学生当中，相当多的人在学习上都名列前茅，不比美国人差，但有的人见到外国人低三下四。对于这种人，我们都很看不惯”。

出国留学期间，郭永怀的研究工作基本都是在对航空工程、飞机研制十分关键的空气动力学领域。回国后，他不再把个人的研究放在主要位置，而是把整个国家的科学事业放在首位。国家最高科技奖获得者、力学所第二任所长郑哲敏院士说：“现在看得很清楚，郭先生回国有更大的理想和决心，他要把自己全部的身心献身于祖国，他不论什么事，只要祖国需要，便全心全意地去做好；他把自己当作铺路石子，以培养下一代，作为自己的使命，国家的前途就是他自己的前途，别无他求。”[1]

2016 年 5 月，荣成市委、市政府启动了郭永怀事迹陈列馆建设。当年 10 月 16 日，正式开馆。这座陈列馆收集和整理了与郭永怀相关的照片、著作文章、研究成果和影视资料，记录和展现了郭永怀的人生历程和科学成就，寄托了荣成家乡人民对他的深切怀念。

---

1 郑哲敏．郭永怀先生的精神永存［Z］// 中国科学院力学研究所．郭永怀先生诞辰一百周年纪念文集（非正式出版物）．中国科学院力学研究所，2009：3-5.

荣成博物馆馆长、郭永怀事迹陈列馆馆长李波说："在我国第一颗原子弹、第一颗氢弹、第一颗核航弹、第一颗核导弹、第一颗热核导弹、第一颗人造地球卫星的研制中，郭永怀以他渊博的学识、深厚的理论功底、严谨的治学思想，为'两弹一星'事业做出了不可磨灭的贡献。他也是23位'两弹一星'元勋中唯一一个在'两弹一星'三个领域都做出重要贡献的科学家。"

1966年10月27日"两弹结合"试验成功后，参加试验的部分人员合影（前排右二为郭永怀）

捐赠巨款给国家

在康奈尔大学任教期间，郭永怀月薪 800 美元。他享受带薪休假，有半年时间去国外讲学或旅游。他住在一个独栋别墅里，买了辆汽车。他喜欢古典音乐，买来一台老式留声机和很多唱片。他还对邮票产生兴趣，有好几本集邮册。

1947 年，李佩来到康奈尔大学学习。一次偶然的机会，李佩和郭永怀在异国他乡相遇了。李佩生前接受采访时回忆说："1948 年的时候，请他来给中国同学做一个报告，就是关于火箭跟导弹，当然这个对我来说，还是挺新鲜的事，所以我去听了这个报告。"1948 年春，李佩多了一个身份——郭永怀的妻子。两个人在康奈尔大学所在的小镇上租了一栋花园别墅，生活富足而安定。

"一个月收入有八九百美元，在那个年代就算是很富裕了。"

在郭永怀事迹陈列馆，陈列着三页捐赠文书，捐赠金额 48 502 元，这笔钱是郭永怀回国之前变卖全部家当所得的全部积蓄。

1965 年 1 月 12 日，郭永怀、李佩致信中国科学院副院长张劲夫，将自己在国外以及回国之后的多年积蓄全部捐赠给国家，支援国家建设。当时，2 000 元就可以在北京买下一个四合院，一个普通工人的工资也就是二三十元。他的这一举动震惊了整个中国科学院，科学院反复征求他的意见，问他是否全部上交，生活是否会受到影响。他说："完全没有问题，这本是人民的财产，再回到人民手中也是理所当然的。"

不幸罹难令人叹惋

1968 年 10 月 3 日，郭永怀再次前往青海 221 基地，为我国第一颗热核导弹的试验做准备。12 月 5 日，郭永怀乘飞机赶赴北京汇报工作，因飞机失事壮烈牺牲。

中国工程物理研究院研究员陈幼玲，曾在郭永怀的领导下工作多年。她清楚地记得 1968 年 12 月 3 日那天发生的令人难忘的事。清晨，郭永怀到她家敲门，来取他让陈幼玲的先生孙福绵帮他修好的金壳表，当时陈幼玲两口子还没起床。听到敲门声，陈幼玲就问："你是小牛吗？"他说："我是郭永怀。"陈幼玲夫妇赶紧拿着修好的表开门相迎，一见面他就说："上面让我回北京开会，我今天就从西宁乘夜班飞机回北京，这样省时间，在飞机上打个盹就到了。"陈幼玲夫妇急忙说："郭院长，您要注意身体，注意安全啊！"他说："我已经坐过一百多次飞机了，坐飞机很安全……"郭副院长微笑着与他们道别后，便走出了陈幼玲夫妇的视线。谁能想到这一次平常的分别竟成了永别！

天妒英才，不幸的事故令人叹惋。

前去机场迎接的司机邵春贵根据现场情形认出郭永怀："他那时候 59 岁，是个花白头。"

郭永怀的侄子郭普远回忆，瞻仰遗容时，郭永怀的遗体用一块白布蒙着，"能够看出还是抱着的形状"。

周恩来闻讯，指示《人民日报》发布讣告。因工作涉密，讣告言辞简略：中国共产党党员、全国人民代表大会代表郭永怀同志，因不幸事故牺牲，终年 59 岁。郭永怀同志在从事科学技术工作中，做出了贡献。

郭永怀
（1909—1968）

1968年12月13日的《人民日报》在第四版沉痛宣告：

郭永怀同志逝世

新华社十一日讯，中国共产党党员，全国人民代表大会代表郭永怀同志，因不幸事故牺牲，终年五十九岁。

郭永怀同志在从事科学技术工作中，做出了贡献。[1]

1968年12月25日，中国科学院在八宝山革命公墓为郭永怀举行了一个小型追悼会，但追悼会举办得非常隆重，中国科学院院长郭沫若致悼词。郭永怀夫人李佩先生，钱学森、王淦昌等生前好友、领导和同事100多人参加了追悼会。

同日，中华人民共和国内务部追认郭永怀为烈士。

1　郭永怀同志逝世［N］．人民日报，1968-12-13（04）．

第二章　治学严谨　勤奋终生

事业有成、堂堂正正、泽被后世。看似简单的表述，对个人来说，实则涵盖了能力、学识、品德等方方面面。如果还能获得同辈人的称赞、后来者的纪念、后学的主动传承，那么这个人，就不仅是当时的楷模，更是以后的榜样。郭永怀用一生的严谨和勤奋，把一位学者、一位老师、一位科学家的名字，镌刻在祖国的大地上。

一切要经过实践的检验

肩负着发展我国近代力学和尖端科学事业的重任，郭永怀始终有一种紧迫感。因此，他总是不知疲倦地工作着。他的工作日程表总是排得满满的，力学研究所和有关单位的业务问题，无论大小，他都要亲自过问；大量文件和科研报告需要他处理。他从不午休，晚上经常工作到深夜。他没有节假日，不是照样到所里上班，就是在家里埋头书案，博览群书。正因为他孜孜不倦地追求新的知识，所以对国际上近代力学和尖端技术发展的最新动向总是了如指掌，对各种复杂的课题总能做到具体入微的指导。

在学术问题上，郭永怀以严谨著称，从不容许含糊其词、模棱两可，更不容许草率从事、滥竽充数。他毕生发表的科学论文为数不多，但每篇都有一定的分量和价值。在发表之前，他总要反复核实，斟字酌句，非常慎重。回国以后，为了教学的需要，也为了系统介绍国外流体力学的经典著作，他亲自动手翻译普朗特著的《流体力学概论》（1952 年版），他给自己提出了“信、达、雅”的高要求。为了使译著准确流畅，他反复对照了德文原版和英文译本，并和有关同志商讨了数十次。对原书疏漏之处，他还加上了注释。这样，前后历时 8 年，直至他牺牲后此书才正式出版。这本高水平的译著出版之后，连续重印两次，畅销海内外，得到了各方面的好评。

在指导科研工作的过程中，他要求制订工作计划时必须有指标、有进度，而且切实可行；如果空洞无物或言过其实就要退回重新制订。对于学术报告，他要求论点鲜明、论据充足，在一定条件下给出肯定或否定的结论。学术讨论中，他绝不放过任何一个细微的错误。有一次，一个青年同志在报告工作时，需要画一条湍流情形下的速度分布曲线，这位青年同志就随便画了一条。郭永怀立即指出，这条速度分布曲线不能反映湍流的特点，并要求这位青年同志纠正过来。

他生前兼任《力学学报》主编，审稿时严格把关，不分亲疏，也不看投稿人的“来头”大小，一律秉公办理。有一次，大家对力学界一位权威人士的来稿产生了分歧，审稿者提出了肯定的意见，但有一位青年人却提出了尖锐的批评。为此，郭永怀特意组织了一次学术讨论会，倾听各方面的意见，结果发现基本方程有误，郭永怀就坚决支持这位素不相识的“小人物”的意见。1963 年，《力学学报》编辑部接到一封对一篇论文持有异议的批评信，而论文作者是在郭永怀指导下工作的两位青年。郭永怀仔细地看了来信，并让两位作者认真考虑别人的观点，作出答复。他说：“我主张发表论文，就是为了进行学术交流，以期引起讨论。别人的批评意见，只能使我们对问题有更深刻的认识。”

郭永怀坚持实事求是，从不人云亦云，一旦发现真理不在自己这一边，就能及时修正错误。他对人严格，一丝不苟，但却平易近人。有时，即使他的意见是正确的，但客观上难以实现，他也会及时收回。他曾不止一次地对青年们说："我给你们提的建议和看法仅供你们参考，不一定按我的办法做，一切要经过实践的检验。"

"他做的比我多得多"

1980 年 1 月，钱学森在《郭永怀文集》后记中写道："郭永怀同志归国后奋力工作，是中国科学院力学研究所的主要学术领导人；他做的比我多得多。但这还不是他的全部工作，1957 年年初，有关方面问我谁是承担核武器爆炸力学最合适的人，我毫不迟疑地推荐郭永怀同志。郭永怀同志对发展我国核武器是有很大贡献的。"

这个评价非常中肯，事实确实如此。郭永怀认为"千里之行，始于足下"，必须首先组织起精悍的研究队伍，让大家充分掌握必需的基础科学知识。他和大家一起制定了近期、远期规划和研究措施。对于飞行力学、流体力学和环境科学等方面的问题，他给大家进行了细致入微的指导，并亲执教鞭，给大家讲授爆轰学这门涉及流体力学、固体力学、高温物理学和化学的边缘学科。他事必躬亲，不仅为大家安排了各种研究课题，而且自己动手做了大量的计算工作，解决了核武器研制中许多重大的疑难问题。为了攻克科学和工程技术难关，他亲自参加和主持各种技术委员会、研究班、讨论会，以他渊博的知识提出了很多极有价值的意见和建议，为我国核武器研究做出了积极的贡献。由于他和同志们的共同努力，我国核武器的水平在短时期内迅速接近世界水平。除了参与核武器研制工作之外，他还对火箭发动机、超低空导弹、反导弹武器的研制和第一颗人造卫星的设计做出了重要贡献。

堂堂正正的正直学者

郭永怀十分强调结合工作边干边学，出成果出人才，非常反对一天到晚去学校听课，单纯地打基础。在初创阶段，大家对磁流体力学不了解，郭永怀指定了两本书，让大家集中学习了一个时期。随后，他就根据学科研究的方向和每个人的情况，给每个人出研究课题，或做调研，或做方案论证，或做理论分析。每个人都明确自己的研究方向和近期的具体工作。通过研究工作的实践，大家逐步熟悉做研究的思考方法和处理方法，学会独立解决问题。在研究工作的过程中，同时也会巩固和加深对专业知识的理解。

胡文瑞回忆道，郭永怀规定，每周有半天的学术研讨会，全体人员都参加。在会上大家轮流报告自己的研究工作成果，介绍国外学术动向，讨论工作计划和方案。他每次都认真地听大家发言，不时地提问题、发指示、谈见解，学术氛围十分活跃。这种学术研讨会对大家帮助很大，一方面，从郭永怀的言谈中可以领悟研究工作的方法；另一方面，从别人的研究中吸取经验教训。同时，每个人还在讨论中发表自己的见解，检验掌握基本概念和研究方法的程度。由于郭永怀深入科研第一线，指方向、出题目、抓成果，不少人都感觉在那段时间里自己成长最快。

郭永怀在指导年轻科研人员的过程中，习惯平等讨论。他检查相关课题组工作进展的主要方式是，要求年轻科研人员每隔一两个月向他汇报一次工作。汇报时由室主任先讲，课题组长补充。一直细化到理论、方案、模型、计算推导、实验验证；方式不是坐下来读准备好的稿子，而是站在黑板前一边讲一边写出主要结果，有时还得进行推导演算。郭永怀也常常站在黑板前和大家一起讨论，甚至动笔推演，还介绍必要的参考文献。

虽然平时很谦和，但面对工作汇报时，他却是一位毫不妥协的严谨学者。汇报人若没有准备好或者讲不清楚，都不会被他轻易放过。即使如此，谦和也是他一贯的底色。他在评价别人的工作或提出自己的见解时，常会加上一句："你看是不是这样？"[1] 郭永怀独特的科研领导方式和学术民主风格，使大家能够在融洽的气氛中讨论工作与学术问题，令所有人，尤其是年轻人，获益匪浅。

和他共事过的人都或多或少记得此类例子。在参加一个讨论会时，他对一位年轻人的介绍不太满意，但他并没有直接批评，而是有针对性地讲了一个故事。他说："在我的家乡山东农村，农民要使自己的小毛驴多干活、干好活，就得把它的生活习性、特点摸得一清二楚。否则，驴一旦发起脾气，是不会听人使唤的。今天，我们使用的是复杂得多的现代计算设备，更应下真功夫搞清楚它的特点，掌握它的奥秘，否则它也是不会替你算出好的结果来。"这番话使讨论时紧张的气氛缓和下来，大家也从中明白了许多道理。[2]

1　眭璞如．点滴回忆深切怀念［Z］// 中国科学院力学研究所．郭永怀先生诞辰一百周年纪念文集（非正式出版物）．中国科学院力学研究所，2009：7-11.

2　邬惠欣．深切怀念郭永怀所长［Z］// 中国科学院力学研究所．郭永怀先生诞辰一百周年纪念文集（非正式出版物）．中国科学院力学研究所，2009：12-15.

郭永怀给清华大学力学班讲课

郭永怀在理论上的造诣人所共知，他还十分强调实验的重要性。在他的督促下，学生们先后建立了三个实验室，对具有潜在重要技术应用的一些长远性、探索性的课题，进行理论分析计算后，还要做机理性的实验研究。他多次主张，新分到研究所的大学生要先在实验室工作一两年，然后再考虑选择方向。为了增加感性认识，做理论研究的同志有一段时间也都去参加实验工作。郭永怀反复讲过，理论分析要通过实验研究来检验，然后推广到生产中去，甚至在“文革”中，不少人提出面向生产解决实际问题时，他还强调科学院的研究单位要重视探索性的工作，要做未来生产和技术的理论储备工作。胡文瑞认为，郭永怀从不为“迎合潮流”而改变自己的观点，这是他耿直作风的写照。

郭永怀十分重视科研人才的培养和使用。他常常说：“在进出人的问题上我帮你们把关。”每年新来的大学生通过入所考试后，他选择一些到室里来。有的同志不擅长理论分析，可以进行实验研究。室里一些同志不愿意或者不适宜从事这门学科研究的，就调整到其他室或其他单位。这种调整既涉及高级研究人员，也有初中级人员。他选用人才的标准是科研实践，而不是空头政治或空口大话。有人曾批评他说，领导给他安排的人没有带好。其实这正是他任人唯贤的结果。如果他认为你不合适，不管你是组长还是秘书，都有可能被调整。通过科研人员的选拔、调整、培养和使用，科研队伍比较精干，工作效率比较高，学术气氛比较活跃，这是一种行之有效的好方法。

郭永怀先后给胡文瑞出过三个研究课题。1961 年底，胡文瑞被叫到郭永怀的办公室。由于工作繁忙，两人接触并不多，因此胡文瑞内心相当紧张。郭永怀和蔼地问了些情况，然后叫胡文瑞做“变截面磁流体力学一维管道流动”的课题，并指定了几篇参考文章，提出用某种数值计算方法求解。胡文瑞为解这个题目花了半年时间，用级数的方法求得了一种形式解。紧接着，郭永怀继续布置了研究课题，让胡文瑞对一种磁流体力学旋转流动问题进行分析研究。这时就需要胡文瑞自己查文献、找资料，借鉴国外的有关研究。为了从理论上和技术上掌握这个问题，胡文瑞又仔细读了两本书。随后，郭永怀又提出了研究三维流动问题的任务，这时已经没有现成的文献可以直接引用，问题也比较复杂。胡文瑞用一种小参数展开的方法解决了这个问题。在分析工作有一些结果以后，郭永怀还要求胡文瑞进行实验，进行原理性的检验，并反复强调理论联系实际的重要性，强调科研成果应用到生产技术中去的巨大潜力，为他的科研不断指明前进的方向。

郭永怀对学生们在工作和学习上提出的每一个业务问题，都一一认真解答。有时，他会指出一个思路或者答案让学生仔细思索；有时，他会指定一篇文献叫学生查阅；有时，学生敲门进入他的办公室，他会耐心地把问题讨论清楚。他看到国外书刊上发表了相关的文章，就主动找到学生问："注意到没有？"胡文瑞说，尽管郭永怀工作非常繁忙，既要主持所里的日常工作，还兼任许多部门的工作，可是每当胡文瑞的工作进展到关键时刻，郭永怀总会主动找他讨论。有时为了一个具体的公式，他要从头推导，反复推敲。胡文瑞写的研究报告，他都要仔细批改。他经常叫学生们审阅一些稿件，学习别人的长处，扩充自己的基础。郭永怀也会临时出一些题目，希望学生们赶快做出来，以培养他们分析问题和解决问题的能力。有一次，郭永怀叫胡文瑞去做一项工作，胡文瑞说有位较为著名的美籍学者做过，但没有成功。郭永怀说："别人做不出来，我们也可以做。"他教育学生们不要迷信外国人，要勇于探索真理。

实事求是，是郭永怀始终坚持的理念。他的一生，无论是在科学研究还是在科研领导上，都坚持着这一科学精神。他从来都是脚踏实地一个一个地做课题，一个一个地解决实际问题，从来不说大话、空话，从来不做超过当前实际可能的承诺。[1] 郭永怀邀请已被划为右派的钱伟长为《力学学报》审稿的事，早已在科学界传为佳话。他的学生戴世强等多位学者在文章中称，郭永怀先生秉持实事求是、服膺真理，从不因人废言的处世原则，堪称当时“风雨如晦，鸡鸣不已”的动荡年代里一缕明媚的阳光。[2]

经济学家顾准的女儿顾淑林是郭永怀在中国科学技术大学首创的化学物理系的毕业生，1965 年毕业后被分配到力学所担任郭永怀的助手。其父在“文革”中被划为右派。父亲如此遭遇，显然会影响到女儿。但郭永怀尽可能地对顾淑林提供保护。他多次对那些要批斗顾淑林的人说：“你们不要随便动她，我有用。”郭永怀的保护，令她终生难以忘怀。[3,4]

“文革”中，中国科学院声学所副所长马大猷处于逆境之中。郭永怀却敢于冒着风险，请马大猷参加九院的高强噪声的调研和噪声试验室方案的论证工作。郭永怀之所以这么做，主要是基于他的事业心，基于国家核武器事业发展的需要，也基于他对马大猷的了解和信任。[5]

郭永怀坚持真理、刚直不阿还表现在他对科研领域不正之风的批评与抵制。北京大学著名力学史家武际可曾撰文对周培源和郭永怀在科研

---

1 武际可．略谈周培源和郭永怀的治学［J］．科学文化评论，2020（6）：65–73.

2 冯秀芳，戴世强．郭永怀先生学术思想初探［C］// 第二届全国力学史与方法论学术研讨会文集，上海：2005（10）：50–55.

3 顾淑林．我心目中的郭永怀先生［Z］// 中国科学院力学研究所．郭永怀先生诞辰一百周年纪念文集（非正式出版物）．中国科学院力学研究所，2009：54–57.

4 顾淑林（中国科学院科技政策与管理研究所）访谈记录，1987 年 6 月 12 日。

5 于长勤．领导的楷模学者的典范青年的导师：怀念郭永怀副院长［M］// 郑哲敏．郭永怀先生诞辰九十周年纪念文集．北京：气象出版社，1999：52–53.

领域坚持独立思考、实事求是的精神给予了高度评价。[1]

另一个被反复提起的案例，是有关郭永怀的同学和密友钱伟长的。钱伟长于 1958 年 1 月 15 日被划为右派分子，并定为极右分子（这是当时政治运动中最严重的处分）。除保留教授职务外，他的其余职务被全部撤销，包括力学所副所长职务，并受到批判。和一般人对右派分子避之唯恐不及的态度不同，时任《力学学报》主编的郭永怀，仍然不断委托钱伟长做《力学学报》的审稿工作。曾有一位名牌大学的教授给《力学学报》投稿，钱伟长审阅后，发现该论文有很多基本概念错误，共指出 51 处。钱伟长认为该论文不宜发表。论文作者不知从哪里得知这一匿名审稿的信息，致函《力学学报》编委会，提出“左派教授的文章不许让右派教授审查”的要求。对此，郭永怀义正词严地说：“我们相信钱伟长的意见是正确的，这和左右无关。”从而平息了这场纷争。时隔 40 年，钱伟长回忆起这段往事时依然激动不已。他对郭永怀的学生戴世强提起此事时说：“这才是堂堂正正的正直学者！你的导师很了不起啊！”[2,3]

1 武际可．略谈周培源和郭永怀的治学［J］．科学文化评论，2020，17（6）：65−73.

2 戴世强．刚正不阿坚持真理：记郭永怀先生二三事［Z］// 中国科学院力学研究所．郭永怀先生诞辰一百周年纪念文集（非正式出版物）．中国科学院力学研究所，2009：21−23.

3 黄志澄．钱伟长为何对郭永怀心存感激［J］．新天地，2013（12）：21.

第三章　伉俪情深　温情相守

在留下的照片和书信中，我们能够看到郭永怀家庭生活的点点滴滴，他和李佩先生的相遇、相爱、相守，满满的深情和温情，和女儿的书信，则让我们感受到无言又厚重如山的父爱，一个生活中的、立体的郭永怀呈现在眼前。爱情、亲情、感情，斯人已去，风范永存。

怀瑾佩瑜，爱在天际

李佩是江苏镇江人，1918 年出生于北京。1937 年考入北京大学经济学系，毕业后在中国劳动协会重庆分会工作。受到中共地下党的影响，她参与了诸多进步活动，如创办工人夜校、协助美国劳动协会将捐款送到延安等。1947 年，李佩到美国康奈尔大学工业与劳工关系学院学习。

郭永怀与妻子李佩相恋于美国康奈尔大学，1948 年，两人在美国纽约州伊萨卡市（Ithaca）结为夫妻。1951 年，女儿郭芹出生。1956 年回国后，他们一直住在中关村 13 号楼。夫妇二人兼学中西、相濡以沫。他们一样宽厚而谦和，一样高洁而平实，一样挚爱祖国和人民。

郭永怀侄孙郭涛在接受采访时曾说：“由于工作的原因，爷爷郭永怀经常出差，往返于北京和基地之间，少则几天，多则几周，甚则几个

郭永怀、李佩结婚照

月。由于保密的要求，他又不能对无关人员谈论他去了哪儿、在干什么，包括自己的妻子。经过长期的积累，奶奶情绪上产生点波动，也是情理之中的事。”

李佩当时不理解，直到1964年10月16日，我国第一颗原子弹爆炸成功。郭永怀和其他科研人员兴高采烈地从试验基地回到了北京。在王淦昌家里聚会时，李佩也在。看到他们兴高采烈的样子，她便大致猜到了众人如此振奋的缘由。所以自此以后，她就理解了。

李佩先生长期任教于中国科学技术大学，创办了国内首个应用语言研究生班，并主持筹建了中国科学技术大学研究生院英语系，培养出新中国第一批博士生。1978年，李佩担任中国科学技术大学研究生院外语教研室主任。1979年，李佩开启了中国当代自费留学潮，她与李政道合作举办了“中美联合培养物理类研究生计划”（CUSPEA）项目，输送出新中国第一批自费留学生，帮助950多位优秀学生赴美国一流大学留学。

1986年，李佩力促成立中国科学院科技翻译工作者协会，并担任副会长。她在耄耋之年（81岁高龄时）创办了“中关村大讲堂”，坚持了13年，被人称为“中关村的明灯”。她把授予郭永怀的“两弹一星”功勋奖章捐赠给中国科学技术大学，又把60万元存款捐献给中国科学技术大学和中国科学院力学研究所，设立郭永怀奖学金。

2017年1月12日，李佩在北京病逝，享年99岁。同年4月5日，中国科学院力学研究所举行了郭永怀和李佩先生的合葬仪式，墓碑上写着：“一对伉俪，两种传奇。怀瑾佩瑜，师表后继。”

在后辈的心目中，李佩虽然出身于书香门第，从小生活条件优越，但她身上没有丝毫娇小姐习气，是一位非常坚强独立的女性。郭永怀的侄女郭淑娥说，婶子在事业上与叔父并驾齐驱，将毕生的精力都投

郭永怀一家三口

入到祖国的教育事业，为国家培养了无数精英。她一生清逸高洁、淡泊名利且从不居功自傲。虽然她经历了中年丧夫、老年丧女的人生大不幸，还经历了“文革”的动荡，但她从未消极抱怨，始终心系祖国，坚定信仰。她把一生的积蓄、藏品以及“两弹一星”纪念勋章等全部捐献。

郭淑娥说：“婶子欣赏有追求、在学业上肯努力的人。当年，我的女儿学习需要一部《日汉大词典》，本地买不到，写信求助于姥姥。没过几天，婶子就从北京邮寄过来，并写信鼓励。婶子的一生是为事业忙碌的一生，她不仅是一位语言学家，还是一位出色的社会活动家，她为人真诚善良，热情淳朴，受人尊敬。”“她在事业的路上奔跑的脚步从未停止，直到生命终止。她是真正的精神贵族，是一朵永远不败的玫瑰！”

2018 年，国际小行星中心将两颗小行星分别命名为“郭永怀星”和“李佩星”。同年 7 月，中国科学院紫金山天文台颁发证书：谨以我台发现的国际编号为二一二七九六号的小行星命名为“郭永怀星”，刊布于世并永载史册。在中国科学技术大学的“永怀初心”雕像前，后人永远铭记这对伉俪的传奇：怀瑾佩瑜，爱在天际。

最后一封家书的温情

郭芹 5 岁时，随父母回国。她是郭永怀夫妇唯一的孩子，从小生活条件优越。回国后，虽然父母都是有名望的学者，但郭芹也并未因此享受特殊待遇。三年困难时期，国家为郭永怀等科学家保留特殊待遇（即

“开小灶”），但他从不允许家人在他那里吃一顿饭，10 岁的郭芹也只能在集体食堂吃饭。1968 年，17 岁的郭芹响应号召，插队到内蒙古呼伦贝尔盟杜尔基公社加拉嘎大队，接受贫下中农再教育。郭淑娥由于内心实在舍不得妹妹下乡，便写信给叔叔进行劝阻。郭永怀说：“这是毛主席的号召，作为党员我理应带头响应。”

郭淑娥说：“身为父亲，叔叔的疼爱藏在心底。他给我来信，告知了妹妹下乡的地址，让我多给她鼓励。我知道，因为叔叔的工作性质和处境，这其实是一份托付。”

郭永怀女儿郭芹在内蒙古插队时的照片（一排右一）

在内蒙古，郭芹第一次体会到了农村生活的艰辛与劳累。因为身体素质太差，经常闹病，因而被安排在驻地喂猪、喂鸡、做饭，一年下来只分了 1 分钱的红。下乡期间，郭芹经历了父亲的牺牲，母亲被下放劳动改造，孤苦无助，她把郭淑娥当成了唯一的亲人。在插队的地方，她吃不惯也吃不饱饭，胃经常疼痛难忍，还患上了肾病。那时，虽然郭淑娥的生活条件也非常艰难，但还是尽量多地给妹妹寄一些吃的东西，如地瓜干、炒面、咸鱼、萝卜干、花生米之类，每次郭芹都很高兴。郭淑娥第一次寄东西时，郭永怀还在，郭芹特意来信叮嘱，千万不要让父母知道，否则会挨批评。

回北京后，郭芹很忙，到北大补课，还要工作，每天都在争分夺秒，想把失去的时间夺回来。尽管如此，她与郭淑娥的通信依然非常频繁，工作、生活，包括感情上的问题，她都会与郭淑娥交流，征求其意见。“字里行间我能感受到她对工作、对生活的那份执着与热爱。她也多次说过回家看看，可没等愿望实现，却英年早逝，这份不舍让我痛彻心扉，至今无法释怀”。

1968 年 9 月 30 日，郭永怀受邀参加国庆招待会。10 月 3 日，他再次出发赶往青海试验基地。远在内蒙古呼伦贝尔盟插队的女儿写信给他，想要一双过冬的鞋。11 月 3 日，郭永怀回信，“布鞋暂没有，你是否画个脚样寄来，待有了货，一定买”。一个多月后，郭永怀牺牲，未能实现给女儿买鞋的承诺。这封信，是郭永怀写的最后一封家书。

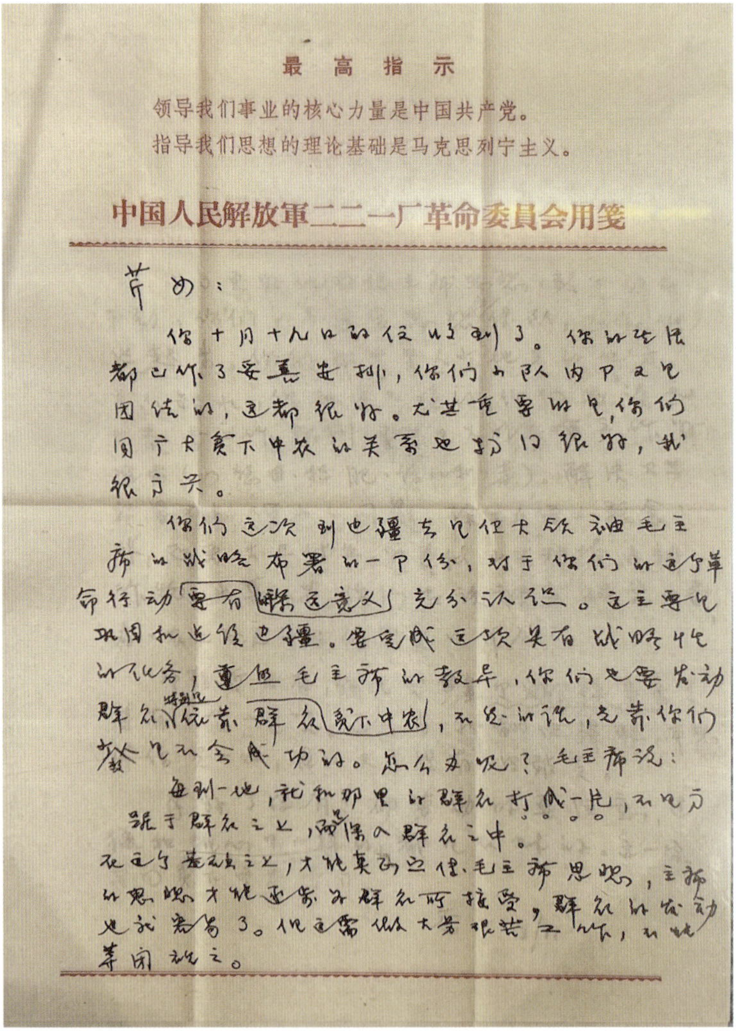

最高指示

领导我们事业的核心力量是中国共产党。

指导我们思想的理论基础是马克思列宁主义。

中国人民解放軍二二一厂革命委員会用箋

节如：

你十月十九日的信收到了。你的生活都已作了妥善安排，你们小队内部又是团结的，这都很好。尤其重要的是，你们同广大贫下中农的关系也搞的很好，我很高兴。

你们这次到边疆去是伟大领袖毛主席的战略布署的一个部分，对于你们的这个革命行动要有深远意义充分认识。这主要是巩固和建设边疆。要完成这项具有战略性的任务，重温毛主席的教导，你们也要发动群众，特别是依靠群众贫下中农，不然的话，光靠你们几个是不会成功的。怎么办呢？毛主席说：

每到一地，就和那里的群众打成一片，不是高踞于群众之上，而是深入于群众之中。

在这个基础之上，才能真正宣传毛主席思想，主席的思想才能逐步为群众所接受，群众的发动也就容易了。但这需做大量艰苦工作，不能等闲视之。

郭永怀写给女儿的信，1968年11月3日

斯人已去，风范永存

郭永怀以赤子之心报国，为中国的力学事业、国防科技事业、航空航天事业贡献了毕生精力。斯人已去，风范永存。

1948 年春，郭永怀同李佩结婚，安家于纽约附近风景秀丽、湖光山色的小城伊萨卡。郭永怀和李佩早在西南联大就已相识。1947 年李佩来到美国，同郭永怀建立了真挚的感情。新婚后的郭永怀并没有沉浸在幸福的喜悦之中，他还是和往常一样，埋头工作。他很少参加社交活动。康奈尔大学有一个“中国同学会”，主要组织中国留学生的游乐活动，他从不问津。但每逢过年过节，他经常邀请中国的同胞到他家里做客，非常关心自己同胞的冷暖苦甜。

郭永怀是位爱好广泛、知识渊博的学者。早在国内他就对摄影产生了兴趣，在美国他还对欧洲古典音乐、世界名画和集邮产生浓厚的兴趣，所以真正了解他的朋友，都知道他也会豪谈古今，评论音乐、美术、摄影。他对每一样业余爱好都下过功夫学习研究。钱学森的夫人蒋英是搞音乐的，她对郭永怀的音乐鉴赏力很钦佩。但他的这些业余爱好完全没有影响工作。他特别喜欢欣赏欧洲古典音乐，却从未去音乐厅听交响音乐会，往往是在家里欣赏唱片。但每当学校邀请各大交响乐团来校演出时，他是逢场必到的。他很少看电影、小说和杂志。除了经常阅读报纸外，他唯一认真阅读的杂志是《纽约人》（*The New Yorker*）。《纽约人》是一份时政、知识、文艺类的综合杂志，包括对政治、国际事务、大众文化和艺术、科技以及商业的报道和评论，另外也会刊发一些文学作品。《纽约人》创刊时每周一期，后改为每年出版 47 期，其中 5 期是双周刊。它不是完全的新闻杂志，然而它对美国和国际政治、社会重大事件的深度报道是其特色之一。每期杂志都会点缀有《纽约人》独特风格的单格漫画，让人忍俊不禁。尽管《纽约人》不少内容是关于纽约当地文化生活的评论和报道，但由于其高质量的写作团队和严谨的作风，《纽约人》在纽约之外也拥有众多读者。

《纽约人》是郭永怀非常喜爱的一本杂志，他从中也对美国、美国人、美国文化以及语言有了更多的认识。美国式的幽默和漫画有时很难被亚洲人理解，郭永怀几乎每周都带上一本新的《纽约人》杂志，就其中的一些内容向西尔斯求教。由此也可以看出郭永怀的谦虚精神和对待任何问题严肃认真的态度。

回国后，郭永怀几乎把所有精力都投入到了新中国的科研工作中，为此不惜割舍掉多年的爱好。他喜欢集邮，却把多年精心收集的两大本邮票都送给了国家邮政局。他酷爱欧洲古典音乐，却把从国外带回来的两箱全新音乐唱片赠送给了中央人民广播电台。[1,2] 他对欧洲绘画也有很高的鉴赏力，对法国新古典主义画家安格尔（Jean Auguste Dominique Ingres，1780—1867）的著名作品《泉》推崇备至。但当他听说琉璃厂有这幅画出售时，仍然舍不得特地花时间去买。[3]

郭永怀既是一位受人尊敬的、严肃的大科学家，又是一位善解人意、可敬可亲的长者。在国外长期生活，郭永怀早已习惯了西餐。在访问苏联时，陪同前往的年轻人不习惯吃西餐。郭永怀微笑着对他说："这东西好吃，习惯了还离不了呢。"见他仍坚持不动刀叉，郭永怀又

1 李佩（郭永怀夫人）访谈记录，1987—1988 年。

2 刘诗祥．中国核工业的一片绿叶［M］// 核工业神剑文学艺术学会．核科学家的遗迹．北京：原子能出版社，1991：131-139.

3 胡世华（中国科学院）访谈记录，1987 年 10 月 15 日。

郭永怀在康奈尔大学与同事合影

笑着说："这次我帮你解决，下不为例，你要逐步适应。"在另一次出访罗马尼亚时，虽然国家发放了充裕的经费，但郭永怀在饮食上尽量做到简单、朴素。回国前，他还对这位年轻人说："现在国家外汇紧张，我们把剩余的都上缴，好不好？"郭永怀的话给这位年轻人留下了极为深刻的印象。[1]

郭永怀衣着十分简朴，总是穿着普通的中山装给学生们上课。他对学生严格细致、循循善诱。他表面上不苟言笑，也从未表扬过学生一句，但实际上他是平易近人的。1963 年元旦前夕的一次课间休息时，学生们都去自由放松了，郭永怀也回到了位于力学研究所大楼三层的办公室。课代表毛鸿羽稍后敲门进去，看到眼前的郭永怀根本不是在休息，而是在聚精会神地看着讲义（《边界层理论讲义》），思索着其中的问题。他背后的书架上放满了英文书籍。他看书的姿势和专注的眼神让毛鸿羽顿时明白，眼前的郭永怀仿佛站在知识的高峰，正在专注而深入地阅读和研究。毛鸿羽向郭永怀表明来意，并呈交了 59 级某一专业同学送给他的贺年卡。郭永怀从座椅上站起，接过贺年卡，仔细看了贺词，高兴地用带有山东口音的普通话说："谢谢啦！"

力学研究所的魏叔如回忆说："郭先生既是一个能体恤下情，能和下属打成一片的领导者；又是一个平易近人、和蔼可亲、幽默风趣且富有人情味的长者。郭先生经常到研究室和实验室指导工作，即便星期天也不例外，往往他一来，周围就围了一圈人。他既谈工作，解答疑难，又关心群众疾苦，谈天说地，偶尔还开开玩笑，其乐融融。三年困难时期的某一天，他又来到十一室小楼办公室，当大家谈得正起劲时，时间已近上午 11 点半，对面食堂飘来阵阵饭菜香味，他发现大家似乎有点

1 柳春图．忆与郭所长接触的二三事［Z］// 中国科学院力学研究所．郭永怀先生诞辰一百周年纪念文集（非正式出版物）．中国科学院力学研究所，2009：26–27.

郭永怀、李佩与钱学森、蒋英、汪德昭一同游览颐和园

‘军心浮动’，于是他转移话题说：‘你们每天花在吃饭上的时间太多，一天三顿饭都要排长队。’他说：‘我在美国时常常带上面包夹上几根香肠，到工作室一干就是八九个小时甚至十几个小时。不过话说回来，你们现在每个月才 56 元工资，即使没有家庭负担，经常到福利楼去买面包香肠也不够啊！你们不要难为情，散了吧！我也要回家解决肚子问题了。’于是大家一哄而散，说笑着下楼奔食堂而去，在食堂门口他还笑着招手与我们再见。”[1]

现在力学研究所已经将郭永怀的办公室改为纪念室了。里面除了展示郭永怀阅读过的一些书籍外，还有一本郭永怀在上面写满了数学公式（场论、矢量运算等）的小手册，是放在口袋里自用的。这表明，郭永怀的点滴时间都是用来学习和工作的。在纪念室里，还有一份郭永怀请求上级批准他给学生捐款的申请报告。郭永怀就是这样，他对自己时间和金钱的管理非常严格。他忙于工作，甚至没有时间为插队农村的女儿买双鞋，但他却无私地帮助和指导学生。他给女儿的最后一封信、最后一句话是：“一定要向贫下中农学习。”

郭永怀对学生和晚辈不仅仅是教授知识、传递精神，还真切地关爱年轻一代的生活。郭永怀的学生王柏懿说，尽管他不苟言笑，但在生活中毫无“大师”的架子，日常待人如慈父般宽厚温和。郭永怀亲自参加了温功碧的婚礼，并询问：“结婚后还分居吗？有没有住房？”他还主动安排魏叔如在参加研讨会期间，每天和他一同乘车回中关村，因为魏叔如的爱人正好从外地来探亲，当时一年的探亲假只有几天，郭永怀还诙谐地说：“牛郎织女相会的时间可不能占用啊！”另外，郭

1 魏叔如．我所接触的郭永怀先生［M］// 中国科学院力学研究所．郭永怀先生诞辰一百周年纪念文集（非正式出版物）．中国科学院力学研究所，2009：16–20.

永怀及时解决了中国科学技术大学力学系陈瑜等学生的工作调动问题。如今已和儿女一起度晚年的陈瑜告诉王柏懿："在郭先生的帮助下，我们中科大一共 5 人离开了北京的石油研究院，去了四川的十七院。"她回忆道："记得我和余儒君去过郭先生在中关村 13 号的家。他非常热情地接待了我们，向我们推荐刚组建的十七院。那时尽管四川山区的生活条件和环境卫生都很差，但我们还是非常高兴，因为我们可以从事我们喜爱的工作了，学以致用。"王柏懿在文章中写道："这就是先生风范！"

郭永怀办公室（李成智摄）

郭永怀、李佩塑像（图源：中国科学技术大学）

第四章　深切思念　共建家乡

作为人生的起点，郭永怀对家乡充满了感情，十七年故园风雨，在他成长的道路上留下了最初的印迹。五十九载天地纵横，他在追求家国梦中始终奋力向前，又对家族后辈谆谆教诲勉励有加。胶东故土荣成，也用各种方式深切思念这位游子，用其取之不尽的精神源泉，共同把这片家园建设得更好，这，也是郭永怀的初心。

勉励后辈资助学业

郭淑娥永远忘不掉叔叔郭永怀回国后探亲时的样子：高高的鼻梁上架着一副厚厚的近视眼镜，花白的头上戴着一顶鸭舌帽，灰色的大衣披在他修长而清瘦的身躯上，显得高大、儒雅、谦逊、和蔼、亲切。

郭永怀回到北京后，就开始了和老家亲人的书信往来。每封信里都记载着他对家人的牵挂和对后辈的鼓励。参加工作后，郭淑娥几次申请入党，郭永怀一直鼓励和支持她，他说："看到你这样要求上进，我感到非常欣慰，愿你能早日实现这个愿望。"但是在政治审查时，因她有从美国回来的叔父母而未能通过。郭永怀知道后，马上写信鼓励她："不要气馁，不要泄气，要更加努力地工作，接受组织对你的考验。"遵从叔父的教诲，1962 年，郭淑娥再次提出申请，又因社会关系复杂而告终。直到“文革”中期，中国科学院发来了证明，证实郭永怀 1961 年就加入了中国共产党，并且是全国人大代表，这时郭淑娥的入党问题才得以解决。但那时郭永怀已经牺牲。郭淑娥把这个消息写信告诉了婶子李佩和妹妹郭芹，两位亲人都由衷地向她表示祝贺。

在家乡亲人眼中，郭永怀是个原则性很强的人，他对自己对家人要求很严，从不向组织提额外要求，对违背原则的事总是坚决拒绝。但是对亲人生活中遇到的困难，他都会全力相助，哪怕自己省吃俭用，也要用微薄的收入来援助他们。郭淑娥的父母一直生活在西滩郭家村，生活清贫，郭永怀每年都会寄钱寄物来资助他们，这种做法在他牺牲后，又由李佩接替下来。郭淑娥多次劝阻无果，直到她的母亲 1984 年去世后，她写信告知并劝阻，婶子才停止寄钱。

在郭永怀的外侄孙刘英广的记忆中，舅姥爷郭永怀是个寡言少语的人。刘英广的父亲小时候去郭永怀位于中关村的家中时，郭永怀每次回家都是简单地打声招呼，叮嘱几句，大致是学业要紧、报效祖国之类的话，然后安静地吃完饭，便回书房看书去了。

刘英广回忆道，父亲告诉他，舅姥爷也有畅谈的时候。那是 1960 年 3 月的一天，父亲从青岛化工局培训班前往舅姥爷家，恰逢著名科学家钱三强造访。两人关上书房门，一谈就是三四个小时。走的时候，两人满面红光，兴奋不已。父亲猜想他们一定是在谈论学术的问题。父亲还说，舅姥爷给他最深的印象是外表儒雅和蔼，内在性情刚烈、嫉恶如仇、做事严谨、原则性强。后来父亲又回到青岛继续求学，和舅姥爷偶尔会有书信往来，舅姥爷的信总是简短扼要，就事论事，从没有超过 50 个字。

刘英广在《永远的怀念》一文中写道：“父亲说，舅姥爷在父亲的求学路上给了很多经济上的帮助，那时候农村穷，再加上父亲兄弟姐妹众多，父亲上学的大部分学费都是舅姥爷提供的，记得金额最大的一笔是 200 元。”

十七年故园风雨

名人故居的价值不是物质性的，而是精神性的。这些故居大多普普通通，看似平常，甚至简陋狭小。可是当我们得知一种曾经影响世人的精神或时代审美诞生其中，它们便显得异常神奇，散发出夺目的光彩。名人故居的真正意义在于，在历史巨人这个特定的生命场中将他们的精神影响后人，力求用真实的历史空间让人们知道“我想成为这样的人，或绝不想成为那样的人”。

伟大的精神需要传承，也需要传播。然而，如何打破地理位置与展馆空间的限制，不断扩大宣传范围和力度，让更多的人走近永怀、了解永怀、感悟永怀，从永怀身上收获信念和力量呢？荣成市委组织部在充分利用陈列馆进行现场教学的基础上，提出了新的思路：依托展馆内容、结合主题活动、采用灵活方式，成立郭永怀事迹宣讲团，主动走出去进行宣讲。

荣成市委组织部干部、郭永怀事迹宣讲团成员王瑾表示，每一次宣讲，听众或感动，或沉思，或惋惜，或自豪，收获着感人至深的力量；每一次宣讲结束后，大家流下的泪水、鼓起的掌声，都会让我们更加坚定理想信念，感悟家国情怀，明确人生追求……

郭永怀故居（李成智摄）

郭永怀的名字出现在青海原子城、中国科学院力学研究所、中国工程物理研究院、南开大学、北京大学、中国科学院大学、中国科学技术大学等多个机构的展览中。天空中挂着一颗以他的名字命名的小行星。在我国23位“两弹一星”元勋中，许多人都曾隐姓埋名，默默奉献。郭永怀是其中唯一一位横跨核弹、导弹和人造地球卫星三大领域的专家，是唯一的烈士，也是为数不多出身农村的科学家。他在用石头、黄泥和海草搭建的房屋里长大。即使在海外求学工作长达16年，归国后他仍保留着浓浓的胶东口音。

两位企业家在参观完郭永怀事迹陈列馆后，慷慨捐资设立了“永怀教育奖”和“永怀乡村教师奖”两项奖学金。

五十九载天地纵横

对于在中国科学院力学研究所工作的韩桂来这一辈人而言，他们未曾与郭永怀有过直接接触，对郭永怀的了解主要来自纪录片和学术文献等。韩桂来在力学研究所攻读研究生期间，与李佩有过较多的接触。李佩曾给研究生讲过很多关于郭永怀的事迹。

经过多年的学习和工作，韩桂来对郭永怀的为人和治学之道有了更深的理解，这些理解大多源自力学研究所的教育和前辈们的言传身教，这种潜移默化的影响对年轻人极为深远。正是这样一代人一代人的传承，使得郭永怀的思想和精神得以延续，体现了中国传统文化中“开枝散叶、桃李满天下”的教育理念。

由于韩桂来所在的实验室和专业背景，他与俞鸿儒院士的接触最为频繁。韩桂来提到，俞院士喜欢向年轻人讲述往事，其中两件事给他留下了深刻印象。其一，俞院士常回忆郭永怀指导他进行激波管实验的经历。尽管如今这类实验已较为简单，但在当时，激波管是国际前沿课题，这显示了郭永怀的学术前瞻性。结合当时的国情，激波管作为一种脉冲型设备，非常适合解决我国当时面临的问题，这正是“面向国家重大需求、面向国际学术前沿”的生动体现。其二，郭永怀在指导科研工作时，总是给予他们充分的时间和空间，不急于求成，这体现了他对科研的严谨态度和对科学规律的尊重。韩桂来回忆，在进行大尺度模型新型测力方法研究时，俞院士鼓励他：“小韩，你这个方法很新也很重要，虽做起来很有难度，但你慢慢做，不能停。”这句鼓励的话语，即使时隔多年，仍让韩桂来感到温暖。正是这种工作风格的传承，使得韩桂来能够投入 5 年时间，深入系统地完成研究，并取得了显著成果。

新一代科研人员在工作与生活的点滴中，能够窥见郭永怀的身影，感受到他的影响。在韩桂来看来，这就是力学研究所的底蕴，也是年轻人的支柱，足以体现郭永怀的学术思想对力学研究所影响之深远和深刻。新时代的年轻一代，站在前辈们的肩膀上，有能力也有信心继承郭永怀的遗志，通过言传身教，将这些思想传承给一代又一代的学生，使之成为工作的一部分，融入血脉之中。

1978 年 12 月 5 日，在北京召开的郭永怀为国牺牲十周年纪念会上，时任中国科学院秘书长的郁文同志高度评价了郭永怀的一生。他说：

“郭永怀一生做到了‘老实’二字，他是个老老实实的科学家，老老实实的共产党员。他从来讲真话，不讲假话，从来不会趋炎附势。

“一个人能够做到先公后私已经很不容易，公而忘私更是难能可贵，而郭永怀同志则是真正做到了大公无私。”[1]

1985 年 12 月 5 日，我国著名核物理学家、中国科学院院士、“两弹一星”功勋奖章获得者，生前任中国工程物理研究院（九院）院长的邓稼先在患病期间特地为纪念郭永怀写过短文《忆良师益友，再创新业》。[2] 邓稼先写道：

“我国著名力学专家郭永怀同志，在我院建院初期任副院长，对我们的事业做出了卓越的贡献。他为开创我院事业做出的贡献和他本人的学术成就，永远铭记在我们心中。直至今日，还深感他的早逝，对我们事业造成的巨大损失无可挽回，同时也使我失去一位良师益友。何其惋惜！”

1988 年 12 月 5 日，为纪念郭永怀牺牲二十周年，中国科学院在力学研究所举办了纪念会。郭永怀生前的老师、同窗好友、同事以及他的学生聚集在力学研究所。纪念会以学术报告为中心内容，郭永怀的老师、好友及同事纷纷发言，共同回忆郭永怀的生平，缅怀他对国家和科学事业的贡献。

郭永怀夫人李佩先生做了发言。她说：

---

1 郁文在纪念郭永怀牺牲十周年大会上的讲话（戴世强提供）。

2 邓稼先．忆良师益友，再创新业［N］．曙光报，1985-12-05.

“时日匆匆，永怀离开我们竟已整整二十年了！回顾过去二十年间我们这一代人走过的路程，我不能不为永怀感到十分遗憾。他没有能亲身感受到‘四人帮’垮台时举国上下的激情，没有能分享当时人民大众又一次对国家前途满怀希望的喜悦。自改革开放政策实施以来，由于活跃了国内外的学术交流空气，促进了教育与科技工作的发展，永怀生前最关心并为之奋斗的事业开始有了改善的条件。

“但他却不能亲自和同行们一道见证他参与设计的研究项目的成果，更无法看到他指导过的学生们这些年来为祖国的科学事业做出的贡献。但今天每当我察觉到永怀和他同代的科学家以及他们先辈的优良学风在年轻的学者身上生根发芽的时候，我又为永怀感到欣慰，感到骄傲。这些继承了老一辈师长们的严谨治学精神和朴朴实实生活作风的中青年学者中，不少人同样地在过去的岁月里为工作、为生活历尽了艰辛，但他们依然孜孜不倦地为各自研究领域中的重大项目攻克难关。即使在今天，在熙熙攘攘的电子一条街上，他们仍洁身自爱，坚守在清苦的科研和教学岗位上，为着科学事业的明天，为着维护我国的国际声誉，为着全人类更加美好的未来，紧紧把握着自己的方向盘。他们保持着这种在今天特别难能可贵的精神是对永怀最大的安慰，最好的纪念。”

张爱萍将军也回忆了与郭永怀一起经历的岁月，并给予了很高的评价。他说：

“我与郭永怀同志只有短短几年的接触，我感到他对原子弹的研制和我国国防尖端技术做出的卓越贡献，就是为我们中华民族的强盛做出的卓越贡献。尤其是他的崇高品德是所有中华民族的儿女都应该学习的。我们青年、老年都应该学习。不仅现在要学，今后也要永远学习，尤其是在当前以商品经济为主的时代，把科学技术作为生产力，发展商品经济，是完全必需的……而郭永怀同志则是为人民富裕、祖国强盛而不计个人名利得失，是一个具有无私奉献精神和崇高品德的人。我们纪念他，就要把郭永怀同志作为我们每个中华儿女永远学习的榜样。”

我国著名理论物理学家周培源先生回忆了他与郭永怀的交往细节，其中包括郭永怀在担任力学研究所副所长之前的三次交往。第一次是他在北京大学物理系招生工作中对郭永怀进行了理论力学方面的口试。郭永怀的表现令周培源先生很满意，并给了他很好的成绩。第二次是周培源先生与郭永怀在西南联大物理系的共事。第三次则是周培源先生利用休假赴加州理工学院进行研究时的交往。周培源先生言钱学森、傅承义、钱伟长、郭永怀等常到自己的家里聚餐。他戏称自己和郭永怀是“洗碗的积极分子”。当然他们讨论更多的是中国的前途问题。1947 年 2 月，周培源先生携全家回国。这段聚餐交往才宣告结束。

周培源先生也回忆了郭永怀回到祖国时的工作，并对他的工作和人品给予了极高的评价。他说：

“他（郭永怀）平易近人，关心同志们的工作与生活，并能虚心听取广大群众的意见，因而受到全所同志的爱戴和尊敬。在领导力学所的工作期间，他一方面继续重视基础理论研究，

> 如发展电磁流体力学；另一方面也开展应用基础研究，如定向爆破等，为国家社会主义建设做出了重大贡献。然而天妒英才，噩耗传来时，我感到万分悲痛。
>
> “永怀同志为人光明磊落，秉性耿直，对人、对己都能严格要求。在负责《力学学报》的编辑工作时期，他严格要求来稿的科学性和创造性，一丝不苟，使学报能一直保持国际水平，因而受到我国力学界的普遍赞扬。”

我国著名核物理学家、“两弹一星”功勋奖章获得者王淦昌先生认为郭永怀有很多特点：其一，他非常勤恳，非常珍惜时间，很少休息；其二，他思想活跃，组织管理工作也非常内行；其三，他生活很俭朴。王淦昌先生认为郭永怀的许多优秀品质值得我们好好学习。

众所周知，在科学家的浩瀚星空中，钱伟长与郭永怀宛如两颗交相辉映的星辰。钱学森先生与郭永怀的交往，不仅是学术的交融，更是灵魂的契合。他们共同谱写了一段令人动容的科学佳话。钱学森先生在《郭永怀文集》的后记中较为细致地回忆了二人的过往，指出了郭永怀的两项重大成果，并认为这是郭永怀严谨的学风、见识和胆识以及刻苦努力所成就的。他说：

> “我认为郭永怀同志是一位优秀的应用力学家，他把力学理论和火热的改造客观世界的革命运动结合起来了。其实这也不只是应用力学的特点，也是一切技术科学所共有的。一方面是精深的理论，一方面是火样的斗争，是冷与热的结合，是理论与实践的结合。这里没有胆小鬼的藏身处，也没有私心重的活动地；这里需要的是真才实学和献身精神。郭永怀同志的崇高品德就在这里！”

钱伟长先生更是回忆了郭永怀这位同窗益友，并坦言：“郭永怀教授是一位勤学严行的爱国学者。”钱伟长曾说，郭永怀回到祖国后参加了“两弹”研究工作，为祖国立下了汗马功劳。

傅承义、郭永怀和钱伟长都是1939年第七届中英庚款留学生，主修物理专业。他们有着许多共同的经历。在留学期间，他们经常在一起，无话不谈。而有两个问题是他们常讨论的：一是种族歧视，二是在美国做学生应有的态度。他们对美国的种族歧视都憋了一肚子气。傅承义说：

> “我们那时去的留学生当中，相当多的人在学习上都名列前茅，不比美国人差，我们没有自卑感。但有的人见到外国人低三下四，甚至连说话的频率也变了。对于这种人，我们都很看不惯。郭永怀这个人有非常强的民族自尊感，非常爱国。这两点与他以后有所作为有很大关系。”

郭永怀的民族自尊感，绝非普通情感可比，那是镌刻在灵魂深处、融入血脉的坚定信念。他坚信，科学是拯救民族落后的利刃，是助力祖国摆脱困境、傲然屹立于世界强国之林的坚实力量。无论科研之路遭遇多少挫折，面对怎样的艰难险阻，郭永怀对这份信念始终未曾有一丝一毫的动摇。

这些回忆与评价是那么的生动、真切，可见郭永怀的爱国之心、高尚德行。如今，他们虽都已远去，但记忆从未褪色，也不会褪色。郭永怀等一众科学家对科学理想的赤诚、相互扶持的温暖，都化作最珍贵的宝藏，成为我们伟大国家的精神财富、伟大民族的精神脊梁，成为激励无数国人砥砺前行的精神坐标。

在郭永怀的牺牲纪念日，人们怀着崇敬之情，以各种方式深切缅怀他。如今，在中国科学院力学研究所、中国科学技术大学、中国工程物理研究院，都能看到郭永怀的雕像静静矗立，仿佛在诉说着他往昔的科研故事。在中国空气动力研究与发展中心，还有一座以他名字命名的“永怀亭”，承载着人们对他的追思。在荣成博物馆东广场，郭永怀的雕像同样毅然挺立，成为家乡人民心中的精神象征。

2016 年 10 月 16 日，在郭永怀的家乡荣成，郭永怀事迹陈列馆正式开馆，馆内的一件件展品、一段段文字，生动展现了他为科研事业奉献的一生。2020 年 10 月 16 日，郭永怀故居也正式对外开放，让人们得以走进他的成长环境，深入了解他的过往。

郭永怀的功绩得到了诸多认可与铭记。1968 年 12 月 25 日，他被授予“烈士”称号，这是对他英勇奉献的崇高敬意。1984 年，核工业部为表彰他为我国第一颗原子弹爆炸成功所作出的贡献，颁发荣誉证书，激励着后来人继续为国防事业拼搏奋进。1985 年，凭借“原子弹的突破和武器化”项目，他荣获“国家科学技术进步奖特等奖”证书和奖章，这是对他科研成就的高度肯定。

1999 年 9 月 18 日，在人民大会堂召开的表彰大会上，郭永怀被授予“两弹一星功勋奖章”，他为“两弹一星”研制所作出的突出贡献，永载史册。2017 年，他荣获“我国第一颗氢弹爆炸成功五十周年”纪念章；2020 年，他又被授予“核工业功勋人物”奖章和证书。这些荣誉，见证了郭永怀为国家科研事业所立下的不朽功勋，也激励着一代又一代的科研工作者，沿着他的足迹，为实现科技强国的梦想不懈努力。

因战因公牺牲人员家属 光荣纪念证

字第 0085 号

查郭永怀同志在革命斗争中光荣牺牲，他的英勇事蹟将永垂不朽，家属应当受到社会上的尊敬。除按照规定享受抚邺和优待以外，并发给此证以资纪念。

中华人民共和国内务部

1968年12月 日

郭永怀烈士证书

尾声

星河灿烂　精神永怀

故园远行，焚稿铸剑淬火戈壁；

星轨刻名，以身擎天永铸丰碑。

阳光轻柔地洒落在郭永怀故居的海草房上，赋予这座历经岁月洗礼的建筑别样的光彩。海草房质朴而充满韵味，每一根海草似乎都在静静诉说着往昔的故事。眼前的村落，历经百年依旧平凡宁静，远离城市的喧嚣，宛如世外桃源。不远处，潺潺的小河蜿蜒而过，清澈的河水倒映着岸边的绿树、蓝天白云，为这片土地增添了灵动的气息。故居前的土地上，希望的种子已然破土，嫩绿的新芽在微风中摇曳，展现着蓬勃的生命力。

站在海草房前，思绪仿佛穿越时空，回到那个风云激荡的年代。郭永怀从胶东这片充满温情与希望的故土出发，背上行囊，告别亲人，远渡重洋求学。在异国他乡，他如饥似渴地汲取先进科学知识，在学术海洋中奋力遨游。在实验室里，他废寝忘食专注研究；在图书馆中，他沉浸于书海拓宽视野。

学有所成后，面对国外优越的科研条件和丰厚的待遇，郭永怀没有丝毫犹豫与留恋。他心系祖国，深知祖国发展艰难，急需人才。于是，他冲破重重阻碍，毅然踏上归国之路。回国后，他投身科研事业，在国家危难、科研条件一穷二白且面临国外技术封锁的困境下，勇挑重担，毫不退缩。

在科研道路上，郭永怀倾尽全力。简陋的实验室、艰苦的科研基地，都有他忙碌的身影。他带领团队日夜钻研，攻克诸多技术难题。在力学研究领域，他取得重大突破，为我国航空航天事业奠定了坚实的理论基础。他参与众多关键项目，每一个数据、每一份报告都凝聚着他的智慧与汗水，推动我国科研事业飞速发展，让我国在国际上逐渐站稳脚跟。

郭永怀温和且严谨、谦恭又正直。在团队中，他以温和的态度对待成员，耐心解答问题；对待科研，他严谨到近乎苛刻，反复验证数据，深思熟虑推导理论。他谦恭有礼，从不因成就而自满，虚心听取他人意见。他坚守科研原则，坚决抵制学术不端行为。许多科研工作者在他的教诲下成长，学习到扎实的知识和严谨的态度，以他为榜样在各自领域发光发热。他的科研成果广泛应用于国防、航空航天等领域，提升了我国的综合国力。

郭永怀如一颗璀璨流星，划过历史星河，绽放出令人难忘的光芒。他用短暂而辉煌的一生，诠释了爱国情怀与科研精神。他的功绩铭刻在祖国历史长河中，激励着一代又一代中华儿女为实现中华民族伟大复兴而奋斗。

郭永怀的故居，不仅是他传奇人生的起点，更是激励后人仰望、沉思与奋进的精神源泉。

作为党性教育基地，其结束语发人深省："走进这座小院，宛如踏进一条时空隧道，在光阴的记忆里与永怀相逢。抚摸历史的印迹，那是永怀曾经的十七年故园风雨；瞻望一个赤子的生平，那是永怀书写的五十九载天地纵横。当我们驻足回首，是否可以问自己：斯时斯世，吾国吾家，换我作他，我当如何？"

郭永怀用一生诠释了爱国、奉献与担当，他的精神永远激励着中华儿女为国家繁荣、民族复兴而奋勇前行。

郭永怀大事年表

1909 年　4 月 4 日，郭永怀出生于山东省荣成市滕家镇西滩郭家村。

1918 年　秋，曾被土匪绑架，但安然脱险。

1919 年　3 月，在西滩郭家村三叔郭文盛办的小学里读初小。

1922 年　3 月，在石岛镇明德小学读高小。

1926 年　3 月，考取青岛大学附属中学，成为全村第一个中学生。

1929 年　9 月，考取南开大学预科理工班，相当于高中生。

1929—1931 年　在南开大学预科学习期间，与胡世华、陈振汉等发起成立名叫“微社”的读书会。

1931 年　9 月，转入本科学习，选择物理学专业。

1933 年　9 月，考取北京大学，插班进入物理系三年级学习。

1935 年　7 月，北京大学物理系毕业，学习成绩在班上居于前列。

9 月，物理学家饶毓泰留郭永怀做助教和研究生。

1935—1937 年　从事拉曼效应的研究工作。

1937 年　9 月，北京大学解散。回到山东老家，应聘在威海卫中学任教。

1938 年　3 月，日寇侵占威海，威海中学解散。来到西南联合大学，开始半工半读的生活。

加入中国物理学会。

1938—1939 年　曾跟随周培源教授从事湍流理论的研究工作。

1939 年　夏，考取中英庚款留学生，主攻力学专业。这个专业的另一个考取者是钱伟长。

1940 年　9 月，来到加拿大多伦多大学，在应用数学系主任辛格教授的指导下攻读硕士学位。

1941 年　5 月，以《可压缩黏流在直管中的流动》的论文获硕士学位。随后来到美国加州理工学院，师从冯·卡门教授，攻读博士学位。

1945 年　完成《跨声速流动不连续解》的论文，获博士学位。

7 月，在加州理工学院被聘为研究员。

1945—1955 年　参加美国数学学会。

1946 年　同钱学森合作完成重要论文《二维可压缩亚、超声速混合流动和上临界马赫数》。

10 月，应西尔斯邀请，来到美国康奈尔大学，担任航空研究院助理教授。

1947 年　10 月 14 日，美国飞行员耶格尔驾驶 X-1 试验机，在 12 800 m 高空首次突破声障（速度达到 M1.015）。郭永怀等中国科学家的研究成果对超音速飞行有所贡献。

1948 年　春，郭永怀和李佩在纽约州的伊萨卡结婚。

1949 年　参加由中国留学生组织的“在美中国科学工作者协会”。

从事激波与边界层相互作用的研究。

1951 年　8 月 26 日，郭永怀、李佩的女儿郭芹出生。

1953 年　发表了《在中等雷诺数下绕平板的不可压缩黏性流动》的论文，应用并推广了坐标变形法。这一方法后被钱学森命名为 PLK 方法。

英国的莱特希尔教授约请郭永怀前去讲学，因美方不予签证，未能如愿。

冬，利用休假前去加州理工学院，边讲学边进行高超声速黏性流动的研究。

1955 年　7 月，在康奈尔大学晋升为正教授。

1956 年　9 月，郭永怀一家三口在洛杉矶乘船回国，途中应日本谷一郎教授的邀请，在轮船停靠日本时于东京大学做了一次学术演讲。

9 月 30 日，郭永怀一家经香港到达广州，回到阔别 16 年的祖国。

11 月，任中国科学院力学研究所研究员兼学术秘书。

11 月，参与制定“科学技术发展十二年规划”，担任力学专业组副组长。

1957 年　2 月，在全国第一届力学学术会上做《现代空气动力学问题》的报告，指出国内空气动力学的发展方向。这篇报告发表在《科学通报》1957 年第 10 期上。

2 月，力学所－清华大学工程力学研究班开班。钱伟长任第一届班主任，郭永怀任第二届和第三届班主任。

2 月，在中国力学学会成立大会上当选为副理事长。

3 月，被推荐为政协全国委员会委员。

5 月 7 日，中国科学院批复力学所学术委员会成立，郭永怀任学术委员。

5 月 29 日，当选为中国科学院数学物理化学部学部委员，同时当选的还有钱学森、汪德昭、吴仲华、张文裕等 21 人。

10 月，中苏签订《国防新技术协定》，苏联在研制核武器方面给予中国技术援助。

10 月，参加中国科学院召开的关于苏联发射成功第一颗人造卫星的座谈会，并发表讲话。

11 月，担任清华大学第一届工程力学研究班的班主任。

1958 年 1 月，担任《力学学报》主任编辑。

3 月 13 日，中国科学院正式发文任命郭永怀为力学所副所长。

7 月 6 日，钱学森、郭永怀、杨刚毅共同制定力学所“上天、入地、下海”的大政方针。

7 月，二机部开始筹建原子弹研究所（第九研究所，1964 年改为第九研究院）。

8 月，参与人造卫星本体（581 项目）的研究筹备工作，与钱学森、赵九章、陆元九等负责拟定发展人造卫星规划草案。

21 日，中国科学院在力学所成立负责卫星总体设计和运载火箭研制的第一设计院，郭永怀、杨南生分任正院长、副院长。

9 月 20 日，中国科学技术大学成立，郭永怀任化学物理系主任，并在近代力学系讲授边界层理论。

10 月，郭永怀任院长的第一设计院完成的 T–3 运载火箭总图、火箭模型在中国科学院自然科学跃进展览会展出。毛泽东、刘少奇、周恩来等先后参观了展览会。

11 月，当选为第二届全国人民代表大会代表。

1959 年 4 月 18—28 日，出席第二届全国人民代表大会第一次会议。

6 月，苏联单方面撤销协议，拒绝向中国提供原子弹模型及图纸。此后，我国第一颗原子弹研制计划的代号命名为“596”。

8 月 3 日，钱学森、郭永怀带队到全国 17 个省市考察调研，历时 50 天。

10 月，郭永怀、柳春图赴罗马尼亚布加勒斯特参加国际力学学术交流会。

12 月，二机部制定出“原子能事业八年规划纲要”，提出“三年突破、五年掌握，八年适当储备”的奋斗目标。

1960 年 前后，同汪德昭、马大猷一道进行用超声方法分离同位素的研究。

3 月，率团赴苏联参加全苏联第一届理论与应用力学会议。

6 月，兼任二机部第九研究所副所长。在研制原子弹初期，郭永怀在第一颗原子弹方案及爆炸力学等方面做了许多工作。

10 月，与程开甲、郭英会等一道陪同张爱萍到河北怀来官厅水库附近的“十七号工地”爆轰试验场视察。

1961 年 组织并领导了北京高超声速讨论班，同年在力学所组建磁流体力学研究室（六室），提出了三大研究课题。

春，第九研究所开始进行爆轰物理试验，郭永怀经常深入现场了解情况，指导工作。

5 月，力学所成立十一室（空气动力学研究室），郭永怀指导两个课题组的研究。

6 月，参加中国科学院举办的星际航行座谈会。

10 月，在第四次星际航行座谈会上作《宇宙飞船的回地问题》的中心发言。

1962 年 提出利用电磁离心方法分离同位素的设想。

3 月，与钱学森共同提出“关于力学研究机构分工与布局”的意见。

7 月，郭永怀由李书诚、钱学森介绍加入中国共产党，1963 年 7 月转正。

9 月 11 日，二机部提出争取在 1964 年或 1965 年上半年实现第一颗原子弹爆炸试验的规划设想。

9 月，钱学森、郭永怀倡议在北京举办高超声速气体动力学高级研讨班（到 1963 年 10 月底为止，共举办了 24 次研讨会）。

11 月 17 日，中央成立以周恩来为主任的中央专门委员会，主抓国防尖端事业，核武器研制获得快速发展。

1963 年 3 月，钱学森、郭永怀提出关于“中国科学院十年探空研究规划（草案）”的几点意见。

郭永怀指出，钝锥绕流在一定情况下其后身流场可能产生“悬挂”激波（二次激波）。

核武器研究所（九所）大批研制试验人员转移至青海西北核武器研究基地（221 厂），开展大型爆轰试验。郭永怀经常前往参与指导研制与试验工作。

12 月 24 日，一比二核装置爆轰试验取得成功。

1964 年 2 月，中国航空学会在北京成立，郭永怀当选为副理事长。

春，毛泽东同志在一次谈话中指出要发展反导导弹，从而反导导弹研制项目“640”上马，其中再入弹头的探测研究（6405）归力学所负责，郭永怀任负责人。

在力学所领导并参与“541”小型地空导弹和氢氧火箭发动机的研制工作。

3 月，国防科委第十六专业组（空气动力学专业组）在北京成立，郭永怀为专业组成员。

兼任《力学译丛》编委会主任委员。

提出开展弹头再入时“云粒子”侵蚀效应研究的设想，比国外早了几年。

6月6日，西北核武器研究基地进行了全尺寸爆轰模拟试验，郭永怀直接参与。

9月，郭永怀赴西北核武器研究基地进行我国第一颗原子弹爆炸试验的准备工作。

10月16日，我国第一颗原子弹爆炸试验成功，郭永怀当时正在现场附近。

12月，作为山东省代表当选为第三届全国人民代表大会代表。

1964—1965年 在九院负责核武器气动外形、结构以及环境模拟实验的领导工作。

1965年 4月，郭永怀提交“关于开展导弹再入物理现象研究”的报告。

5月，中央专委第12次会议决定，由中国科学院负责研制“541”小型地对空导弹，郭永怀任总设计师。

5月14日，我国在本土西部上空成功进行了核航弹空投爆炸试验（第二次核试验）。

5月30日，周恩来总理在人民大会堂接见为原子弹爆炸做出贡献的核武器研制与试验部门的代表，郭永怀参加了会见。

6月，郭永怀草拟并制定了“632”工程（后改为“640-5”）的十年规划。

7月，郭永怀宣布力学所十一室激波风洞组、电弧加热器组、高速气流传热组以及四室高温气体组正式开始承担“640-5”工程任务。

9 月，第一颗人造卫星研制计划再次上马，郭永怀参与了“东方红”卫星本体及返回卫星回地研究的组织工作。

12 月 28 日，力学所在怀柔基地试验场首次进行了“541-S-1”型试验弹的发射试验。

1966 年 4 月，中国科学院新技术局任命郭永怀为“640-5”工程总体组组长。

5 月，郭永怀翻译的《流体力学概论》（普朗特著）由科学出版社出版。

5 月 9 日，我国在本土西部进行了一次含有热核材料的核试验（第三次核试验）。

10 月 1 日，郭永怀、朱光亚、王淦昌、陈能宽、彭桓武、邓稼先和程开甲等为核武器研制做出突出贡献的科学家受邀登上天安门城楼，参加国庆观礼活动。

10 月 27 日，我国在西北地区某地进行了导弹核武器试验（第四次核试验）。

12 月 28 日，我国成功地进行了第五次核试验。

1967 年 国防科委空气动力研究院（十七院）成立。

6 月 17 日，我国第一颗氢弹爆炸试验（第六次核试验）成功，郭永怀在气动外形、结构材料、结构试验、环境试验、伞-弹气体设计等方面做了大量领导与技术指导工作。

7 月，十七院设筹备组，郭永怀担任主管技术工作的副组长。

10 月，参加“640”工程总体论证会。

12 月 24 日，我国进行了第七次核试验。

1968 年 1—10 月，十七院筹备组多次开会研究建院规划，进行各所的组建工作，郭永怀做了许多重要工作。

2 月 25 日，目标识别所（即 207 所）筹备小组成立，其业务工作接受力学所和识别所筹备组双重领导。郭永怀对筹备工作提出重要意见。

9 月 20 日，郭永怀的女儿郭芹赴内蒙古自治区呼伦贝尔盟杜尔基公社加拉噶大队插队。

郭永怀的夫人李佩在清理阶段队伍运动中受到隔离审查。

10 月 3 日，郭永怀赴西北核武器研制基地参与我国第一颗热核导弹试验的准备工作。12 月 27 日，我国第一颗热核导弹试验获得成功，这是我国第八次核试验。

12 月 5 日，试验准备工作完成后，郭永怀从兰州乘民航飞机返京。飞机在北京机场着陆时发生事故，郭永怀不幸牺牲，享年 59 岁。

12 月 25 日，中华人民共和国内务部授予郭永怀烈士称号。

1999 年 9 月 18 日，在中华人民共和国成立五十周年之际，党中央、国务院、中央军委隆重表彰为中国“两弹一星”事业做出突出贡献的 23 位科技专家，并授予他们“两弹一星”功勋奖章。郭永怀被追授“两弹一星”功勋奖章，是 23 位科学家中唯一的烈士。

参考文献

[1] 郭普远．郭永怀李佩夫妇感动中国的人生 [Z].(非正式出版物), 2017: 14.

[2] 李家春，戴世强．郭永怀传略 [J]. 中国科技史料，1985(1): 42–51.

[3] 蒲以康．第七届中英庚款留学生的出国求学之路 [J]. 科学文化评论，2021(1): 5–24.

[4] 中英庚款会．中英庚款会通告 [N]. 申报，1939–09–01(6).

[5] 中英庚款会．欧洲战事爆发 留英生出国难 [N]. 申报，1939–09–05(8).

[6] 中英庚款会．中英庚款留英学生改赴加拿大攻读 一部已由滇来港 [N]. 大公报 (香港版), 1940–07–17(3).

[7] 李佩，口述；张凯，徐娜，张现民，吕成冬，整理．钱学森认为“最相知”的专家 [J]. 文史博览，2013(12): 14–17.

[8] 傅承义．访谈记录 [Z]. 中国科学院，1987–10–26.

[9] 黄志澄．哥廷根学派与我国空气动力学的发展 [J]. 力学进展，1983(4): 21–27.

[10] 汪德昭．访谈记录 [Z]. 中国科学院，1987–10–22.

[11] 李佩．何去？何从？ [J]. 神州学人，1987(1): 12.

[12] 钱学森．写在《郭永怀文集》的后面 [M]// 郭永怀．郭永怀文集．北京：科学出版社，1982: 331–332.

[13] 李佩 . 访谈记录 [Z].1987—1988.
[14] 李波 . 钱学森与郭永怀的兄弟情 [N]. 人民政协报 , 2023-03-16(11).
[15] 李家春 , 戴世强 . 郭永怀 [M]// 中国科学家传记辞典 · 现代第一分册 . 济南 : 山东科学技术出版社 , 1982: 346.
[16] 郑哲敏 . 郭永怀生平事迹介绍 [M]// 郑哲敏 . 郭永怀先生诞辰九十周年纪念文集 . 北京 : 气象出版社 , 1999: 1–9.
[17] 洪友士 . 力学研究所五十年 [J]. 力学进展 , 2006(1): 1–6.
[18] 杨丫男 . 中国科学院力学研究所的建立与初期研究工作 (1956—1966 年)[D]. 合肥 : 中国科学技术大学 , 2009 : 6–7.
[19] 郑哲敏 . 郭永怀先生的精神永存 [J]. 力学与实践 , 2009, 31: 96–97.
[20] 石磊 , 王春河 , 张宏显 , 等 . 钱学森的航天岁月 [M]. 北京 : 中国宇航出版社 , 2013: 143.
[21] 乔均录 . 为祖国尽忠心 [M]// 李家春 . 高山仰止 大爱无疆 : 我们心目中的郭永怀和李佩先生 . 北京 : 科学出版社 , 2013: 29–35.
[22] 林同骥 . 访谈记录 [Z]. 中国科学院力学研究所 , 1987–06–19.
[23] 张德华 , 等 . 中国科学院力学研究所空气动力学研究简史 (内部资料)[M]. 中国科学院力学研究所 , 1986: 5.
[24] 张涵信 . 访谈记录 [Z]. 中国气动力研究与发展中心 : 中国气动力研究与发展中心 , 1987–07–21.
[25] 李家春 , 戴世强 . 郭永怀传 [J]. 编务通讯 , 1985(5): 10.
[26] 吴承康 . 郭永怀光辉的一生 [J]. 力学学报 , 2018(6): 1279–1282.
[27] 俞鸿儒 . 郭永怀先生引导我做实验 [J]. 力学与实践 , 2009(2): 97–99.
[28] 张珩旭 , 白欣 , 赵玉杰 . 激波管与激波风洞的研制 : 俞鸿儒院士访谈录 [J]. 力学与实践 , 2014, 36(4): 508–511.
[29] 俞鸿儒 . 难忘郭永怀先生的教诲 [M]// 李家春 , 刘桂菊 . 永远的郭

永怀：纪念郭永怀先生牺牲 50 周年 . 北京：科学出版社，2019: 29–31.

[30] 张志会 . 俞鸿儒院士：激波管爆轰驱动新方法开创者 [J]. 工程研究：跨学科视野中的工程，2020, 12(5): 509–522.

[31] 郑哲敏 . 在中国科学院力学研究所成立卅周年大会上的讲话 [Z]. 中国科学院力学研究所，1986.

[32] 胡文瑞 . 怀念郭永怀副所长 [J]. 力学与实践，1979 (1): 63–65.

[33] 徐复 . 访谈记录 [Z]. 中国科学院力学研究所，1987–09–05.

[34] 邱励俭 . 访谈记录 [Z]. 中国科学院合肥等离子体研究所，1987–06–07.

[35] 中国大百科全书总编辑委员会《力学》编辑委员会 . 中国大百科全书（力学卷）[M]. 北京：中国大百科全书出版社，1985: 75–78.

[36] 汪德昭 . 郭永怀同志二三事 [J]// 侯自强 . 汪德昭文集 . 中国科学院声学研究所，1995: 340.

[37] 俞鸿儒 . 访谈记录 [Z]. 中国科学院力学研究所，1987 10 27.

[38] 徐复 . 郭永怀开创磁流体力学前沿研究 [M] // 李家春 . 高山仰止 大爱无疆：我们心目中的郭永怀和李佩先生 . 北京：科学出版社，2013: 43–47.

[39] 李毓昌 . 不懈的追求 卓越的领导 [M]// 李家春 . 高山仰止 大爱无疆：我们心目中的郭永怀和李佩先生 . 北京：科学出版社，2013: 36–41.

[40] 韩志华 . 中国空气动力发展史大事记（建国后部分）[J]. 编务通讯，1986(8): 3.

[41] 凌云沛 . 访谈记录 [Z]. 北京航空航天大学，1987–09–10.

[42] 王希山，饶顺和，邓小刚 . 郭永怀和中国空气动力研究与发展中心

[M] // 中国科学院力学研究所 . 郭永怀先生诞辰一百周年纪念文集 . 中国科学院力学研究所 , 2009: 73–76.

[43] 陈承厚 . 访谈记录 [Z]. 中国空气动力研究与发展中心 , 1987–07–22.

[44] 贺长胜 . 访谈记录 [Z]. 中国空气动力研究与发展中心 , 1987–09–22.

[45] 中国空气动力研究与发展中心 . 郭老对气动中心的奠基性贡献 [M] // 李家春 . 高山仰止　大爱无疆 : 我们心目中的郭永怀和李佩先生 . 北京 : 科学出版社 , 2013: 149–152.

[46] 中国科学院办公厅 . 关于苏联发射世界第一个人造卫星成功的座谈会发言汇集 [Z]. 中国科学院 , 1957–10–30.

[47] 张志会 . 开创者 : 赵九章学术轨迹研究 [M]. 北京 : 团结出版社 , 2021: 195–197.

[48] 郭永怀 . 宇宙飞船的回地问题 [M]// 星际航行科技资料汇编 : 第一集 . 北京 : 科学出版社 , 1965: 33–39.

[49] 杨照德 , 熊延岭 . 闵桂荣院士传记 [M]. 北京 : 中国宇航出版社 , 2017: 48–49.

[50] 樊洪业 . 中国科学院编年史 (1949—1999)[M]. 上海 : 上海科技教育出版社 , 1999: 165–166.

[51] 眭璞如 . 点滴回忆 深切怀念 [Z]// 中国科学院力学研究所 . 郭永怀先生诞辰一百周年纪念文集 (非正式出版物). 中国科学院力学研究所 , 2009: 7–11.

[52] 徐焰 . 毛泽东两弹决策内幕 [N]. 北京青年报 , 2001–05–11.

[53] 毛泽东 . 论十大关系 [M]// 毛泽东选集 : 第五卷 . 北京 : 人民出版社 , 1977: 144.

[54] 聂荣臻 . 聂荣臻回忆录 (下)[M]. 北京 : 解放军出版社 , 1984: 812.

[55] 满宁 , 齐琪 . 探秘祖国心脏的火箭试验基地 [J]. 保密工作 , 2017(9):

58–60.

[56] 眭璞如 . 541 战术导弹的研制 [M]// 科学时报 . 请历史记住他们 : 中国科学家与“两弹一星”. 广州 : 暨南大学出版社 , 1999: 223–229.

[57] 屠善澄 . 记郭永怀先生二三事 [M] // 李家春 . 高山仰止 大爱无疆 : 我们心目中的郭永怀和李佩先生 . 北京 : 科学出版社 , 2013: 130–131.

[58] 吕成冬 . 毛泽东和钱学森“有矛必有盾”的谈话与我国反导武器的研发 [J]. 毛泽东研究 , 2017(2): 54–59.

[59] 聂荣臻 . 聂荣臻科技文选 [M]. 北京 : 国防工业出版社 , 1999: 616–619.

[60] 纪家驹 . 访谈记录 [Z]. 中国科学院力学研究所 , 1987–05–21.

[61] 王柏懿 . 郭永怀先生和力学所航天研究工作 [M]// 李家春 . 高山仰止 大爱无疆 : 我们心目中的郭永怀和李佩先生 . 北京 : 科学出版社 , 2013: 125–129.

[62] 魏叔如 . 郭永怀与我国导弹弹头再入气动物理研究 [M] // 郑哲敏 . 郭永怀先生诞辰九十周年纪念文集 . 北京 : 气象出版社 , 1999: 33–35.

[63] 李家春 . 遵循先生教诲 , 培养青年人才 : 研究生往事回忆 [M]// 中国科学院力学研究所 . 郭永怀先生诞辰一百周年纪念文集 , 北京 : 中国科学院出版社 , 2009: 38–41.

[64] 辛厚文 , 马兴孝 , 俞书勤 , 等 . 郭永怀的教学思想与科大化学物理系 [M]// 李家春 . 高山仰止 大爱无疆 : 我们心目中的郭永怀和李佩先生 . 北京 : 科学出版社 , 2013: 213–216.

[65] 余寿文 . 清华大学工程力学研究班的历史回顾与思考 [J]. 力学与实践 , 2011, 33(6): 97–100.

［66］章光华 . 感怀读大学和研究班时老师的讲课风格 [M] // 清华大学航天航空学院编辑组 . 固本求源创新，顶天立地树人：清华大学工程力学系发展历程 . 北京：清华大学出版社，2011: 190–192.
［67］何友声 . 昔日的追忆 [M]// 赵炳时，胡绍学 . 清华大学工程力学系成立暨工程力学研究班创办五十周年庆贺文集 (1958—2008). 北京：中国建筑工业出版社，2008: 73–74.
［68］郭永怀 . 边界层理论讲义 [M]. 合肥：中国科学技术大学出版社，2008: 序 .
［69］张涵信 . 力学研究班的一些回忆 [M]// 赵炳时，胡绍学 . 清华大学工程力学系成立暨工程力学研究班创办五十周年庆贺文集 (1958—2008). 北京：中国建筑工业出版社，2008: 69–70.
［70］李欣欣，白欣 . 清华大学工程力学研究班 (1957—1962) 简述 [J]. 中国科技史杂志，2012, 33(3): 331–354.
［71］张涵信 . 难忘的记忆：怀念导师郭永怀 [M]// 中国科学院力学研究所 . 郭永怀先生诞辰一百周年纪念文集 (非正式出版物). 2009: 38–41.
［72］张涵信 . 近代高速气体动力学现状 [J]. 力学学报，1963(4): 249–286.
［73］张涵信 . 高超声速运动中的熵层问题 [J]. 航空学报，1965(2): 20–43.
［74］张涵信 . 高超声速运动中第二激波形成的条件 [J]. 力学学报，1965(4): 316–322.
［75］赵炳时，胡绍学 . 清华大学工程力学系成立暨工程力学研究班创办五十周年庆贺文集 (1958—2008)[M]. 北京：中国建筑工业出版社，2008: 39.

后 记

由李成智、闫祥岭共同创作的《德厚流光：郭永怀》很快就要与读者见面了。对于作者之一的李成智来说，郭永怀的研究，相关传记的撰写、修改，前后持续了 30 多年。而对于身为媒体人的闫祥岭而言，关注郭永怀，报道和传播科学家精神，亦是自己的神圣使命。

1987 年 10 月前后，李成智在北京航空学院（1988 年改为北京航空航天大学，以下简称“北航”）准备做硕士论文，选题一时拿不定主意。他的专业是自然辩证法，研究方向是航空航天发展史。此前的师兄都选择航空航天史的某一课题。当时采取导师组负责制，主要有 3 位导师：史超礼先生（北航教授）、范岱年先生（中国科学院科技政策与管理研究所副所长，北航兼职研究员）、许荫松先生（北航副教授）。除导师外，系里还配备了副导师组，包括吴光宗老师、肖海涛老师、吴守伦老师和苏成章老师。范岱年先生对李成智说，选择航空航天史方面的题目当然也好，但研究国外的航空航天史题目很难做深；研究国内的航空航天史限于保密问题，资料难以获得。所以他建议，中国有很多大科学家为新中国科技事业的发展做出了巨大贡献，而且这些人大都年事已高，抓紧时间写写他们的传记，既有重要的历史意义，也有巨大的现实意义，可以很好地启迪当今大学生理解老科学家的奋斗历程，继承他们的科学思想。

范先生概略地对李成智介绍了一下郭永怀，说他为中国的核武器事业做出了重大贡献，而且在年仅 59 岁时就因飞机失事而牺牲，后被授予烈士称号。这几句话打动了李成智，他决定就以“郭永怀生平与科学贡献”为题开展研究。范先生还向李成智推荐了郭永怀的一位亲戚——郭先生的夫人李佩先生的妹妹，时任中国科学院自然科学史研究所副所长李佩珊。李成智很快就采访了李佩珊，从她那里了解到郭永怀的更多感人事迹。李成智又从图书馆查到了一本《郭永怀文集》，其中有大科学家钱学森所写的后记《写在〈郭永怀文集〉的后面》。钱学森对郭永怀的崇高人格和卓越的科学成就给予了极高的评价，这使得李成智更坚定了从事郭永怀研究的决心和信心。

此后一年多时间里，李成智从采访李佩珊和郭永怀的夫人李佩先生开始，先后通过各种渠道采访了郭永怀的亲属、师长、同事、学生等上百人。更难得的是，他还想方设法来到郭永怀生前工作过的单位，当时还严格保密的中国核武器研究院、中国空气动力研究与发展中心，并且在这两个单位采访了数十位郭永怀的同事和部下，从而了解到郭永怀从事核武器研究以及筹建气动中心过程中做出的卓越贡献。

当然，为写好这部传记，李成智还研读了郭永怀发表的论文，并搜集了与郭永怀有关的文章、档案、报告、大事记等文献，为写好《郭永怀传》奠定了重要基础。通过研读《郭永怀文集》与采访“两条腿走路”的方式，李成智一步步走近了郭永怀。

李成智采访过的人很多，他成了李佩先生家的常客，也见到了郭永怀夫妇唯一的女儿郭芹。在李佩先生的引见下，他在中国科学院力学研究所采访了很多人，包括郭永怀的学生俞鸿儒、李家春、戴世强，郭先生的同事李书诚、郑哲敏、林同骥、谈镐生、徐复、张德华、纪家驹、姜伟、谢之修等。在中国科学院以及核武器研究院等单位，他采访了周培源、郑华炽、王淦昌、钱三强、沈元、段学复、傅承义、汪德昭、马大猷、林家翘（信件）、胡世华、陈振汉、屠善澄、杨照德、江文华、顾远程、丘励俭、黄志澄等。在绵阳中国空气动力研究与发展中心，他采访了郭永怀的研究生、时任气动中心理论研究所所长的张涵信院士（将军），以及其他郭永怀的同事。在郭永怀家乡威海荣成市西滩郭家村，他采访了郭先生的堂兄郭永振、村主任郭文璞等。在北京医院，他采访了郭永怀的堂侄郭普远。

1988 年 3 月前后，李成智完成了硕士论文初稿《郭永怀的生平和他的科学贡献》，总字数约 7.5 万字。1988 年 6 月，李成智参加硕士论文答辩并顺利通过。答辩委员会由北航名誉校长沈元院士担任主席，他的专业也是空气动力学，与郭永怀曾有很多交往。李成智在搜集资料过程中，曾多次去他家里拜访，不仅从他那里了解到郭永怀的一些情况，还听他讲述了国际高速空气动力学创立与发展的历史。

1988 年 12 月 5 日，中国科学院在力学所举行纪念郭永怀为国牺牲 20 周年纪念会，参加者有中国科学院、力学所领导，以及对郭永怀非常熟悉的领导、师长、同事、朋友、亲属等，包括国防部部长张爱萍上将、李觉将军、周培源先生、严济慈先生、王淦昌先生、钱学森先生、钱三强先生、汪德昭先生、彭桓武先生、朱光亚先生、程开甲先生、杨嘉墀先生、谷超豪先生、沈元先生、傅承义先生、段学复先生、陈能宽先生、屠善澄先生等，郭永怀夫人李佩、女儿郭芹、侄子郭普远，大约 60 人。我作为本书作者之一，也有幸应邀参会。在会上，通过各位前辈的发言，作者再次大受教育，了解到一些郭永怀鲜为人知的事迹。郭永怀的学生李家春在介绍郭永怀生平时，还提及李成智所做的硕士论文研究工作。

这次纪念活动的一项重要内容是郭永怀汉白玉半身雕像在力学所一丛苍松翠柏处的落成仪式。仪式结束后，李佩先生还特地邀请作者与她在郭先生的雕像前合影留念。这是作者唯一一次与李先生的合影。

20 世纪末到 21 世纪初，特别是随着中共中央、国务院和中央军委在 1999 年隆重表彰 23 位“两弹一星”功勋，国内出现了撰写和出版科学家传记的热潮。2001 年，由宋健主编的《两弹一星元勋传（上下）》由清华大学出版社出版，其中的《郭永怀》由李家春先生和作者合作撰写。2010 年，中国科协正式实施“老科学家学术成长资料采集工程”，把宣传科学家、抢救科技史料工作推向高潮。

从研究郭永怀开始，李成智一直注意收集与郭永怀相关的新出版物，包括力学所出版的多部纪念文集。2016 年 10 月 16 日，位于郭永怀家乡山东省荣成市的郭永怀事迹陈列馆正式开馆。该馆李波馆长一直邀请他前去参观瞻仰郭永怀事迹陈列馆并为荣成的中学生做一次报告。2018 年 12 月 11 日，李成智终于如愿再次来到荣成，李波馆长陪同他一道瞻仰了郭永怀事迹陈列馆。看到一幅幅郭永怀的历史照片，一篇篇介绍郭永怀事迹的文字，一件件极为珍贵的文物，以及一个个展示郭永怀当年为祖国国防事业奋斗的场景，李成智暗下决心，全方位研究郭永怀，尽早把《郭永怀传》写成。

2022 年 7 月开始，李成智把过去收集到的各类有关郭永怀的资料、文章、文集重新看了一遍，同时又上网查阅了一些新的资料，包括李佩先生的资料。就这样，他开始了郭永怀传记的研究、撰写，并写出了整部传记的提纲。大约用了两年时间，郭永怀传记的初稿基本完成。正是有此基础，山东科学技术出版社决定在科学家学术传记《郭永怀传》的基础上，打造一本面向普通读者、宣传科学家精神的读本。适逢中国编辑学会组编“中国科技之魂”丛书,《德厚流光：郭永怀》便被提上日程。

2023年，李成智与媒体人闫祥岭一道，对《德厚流光：郭永怀》一书的写作框架、内容取舍、章节标题、文字风格等进行反复讨论、交流，形成了一致意见。为此，李成智和闫祥岭分头去荣成市调研和采访，挖掘资料，精诚合作，发挥各自所长，撰写相关内容。

我们二人一致认为，传记最大的特点是真实，要真正还原历史。因此,《德厚流光：郭永怀》对掌握的史料和社会上流传的各类说法，都力所能及地加以考证和鉴别。在本书框架上，力求简明、寓意深远，精心选取学艺篇、报国篇、德行篇为切入点，精准捕捉郭永怀一生的关键时间点，立体、全面、丰富地展现一位卓越科学家的人生，尤其是展现郭永怀的理想信念、高尚情操与爱国初心。在本书文字风格上，力求简单朴实、生动形象，字里行间能够体现郭永怀谦逊温润的品性、严谨务实的治学态度、矢志报国的豪迈情怀以及壮烈无私的牺牲精神。

在《德厚流光：郭永怀》即将付梓之时，我们要衷心感谢那些为我们提供各种文献资料的诸多前辈和郭永怀的家人、师长、同学、同事以及学生。当然，要特别感谢李佩先生和李家春先生，他们的帮助使我们获得了大量宝贵资料并且少走了很多弯路。我们也要特别感谢本书作者之一的导师范岱年先生和史超礼先生，是范先生引导李成智研究郭永怀的；而且范先生还亲自帮助作者联系采访王淦昌、钱三强、许良英、李佩珊诸先生。

我们还要感谢张柏春研究员，是他的支持和鼓励，使我们下决心撰写郭永怀传记，他还对撰写框架、研究内容、写作风格等提出了宝贵意见。我（李成智）还要感谢荣成郭永怀事迹陈列馆李波馆长，他热情接待作者两次前往荣成瞻仰郭永怀事迹陈列馆，并提供了有价值的资料，包括相关图片。我们还要感谢中国编辑学会和山东科学技术出版社赵猛社长的精心策划，感谢杨磊主任基于丛书的总体要求、郭永怀的高尚品德拟定了本书书名，以及杨磊主任和吴英华、姜伟对本书的精心编辑。最后，我们还要感谢在《德厚流光：郭永怀》撰写过程中参考和引用的所有文献的作者、编者和出版者。

李成智　闫祥岭

2024 年 12 月